在資本主義帶來浩劫時，聆聽馬克思。

讀懂馬克思與《資本論》

楊照

總序

爲「人」定座標——「現代」從哪裡來？

楊照

「人是什麼？」這是個貫串古今，不同文化、不同社會都曾經認眞探索的普遍問題。甚至我們可以退一步後設地說：作爲人的第一條件，人和其他萬物都不一樣的根本差別，就在於只有人反身自問：「人是什麼？」

不只是問，而且反覆地問。之所以在幾千年的文化歷程中反覆問：「人是什麼？」也就是因爲同樣的問題，在不同時代、不同社會、不同的大腦中，有不同的答案。問題一直在那裡，卻引出了千百般不同變貌的答案，始終無法穩固確定，於是這個問題就持續留著，持續騷擾、困惑著一代又一代的人們。

即便是不思考這個問題，從來沒有意識這個問題存在的人，實質上也擺脫不了這個永恆、巨大問題的陰影。畢竟，每個社會都是依照對於這個問題的基本想像與理解而組成的，生活在社會裡，無論接受或反抗社會訂定的律則，一個人也還是離不開這個問題。

曾經有很長一段時間，西方社會以「上帝」作爲「人是什麼？」的終極答案。人是由上帝所創造的，依照上帝的意志而形成的，上帝是一切的源頭。曾經有很長一段時間，中國社會以「傳統」作爲「人是什麼？」的終極答案。人是傳統與歷史的產物，傳統與歷史中保留了充分的經驗與智慧，決定了人應該如何思考、如何生活。西方人困惑時，就求助於上帝與代理上帝意志的教會；而中國人困惑時，就乞靈於傳統與記錄傳統眞理的經典。

但這樣的時代過去了。十九世紀的巨變，推翻了上帝的權威，也推翻了傳統的眞理地位。我們活在一個很不一樣的「現代」環境中，「現代」有其和西方或中國傳統都完全不同的規則與秩序，並籠罩、統轄著我們今天的現實生活。

我一直相信，也一直主張：現代人應該要了解現實生活的來歷。我們今天坐在椅子上，而不是坐在炕上、墊子上；我們今天認爲的漂亮房子長得方方正正，有大片透光的玻璃；我們今天的女人穿裙子，穿高跟鞋，畫著凸顯眼睛輪廓的妝；我們今天相信人生最重要的經驗是談戀愛，相信戀愛是婚姻的前提……這些都是現代生活的根本現實，卻都不是歷史上的必然，而是從十九世紀之後才發展出來的「現代」意識、「現代」價值。

這種「現代」是怎麼來的？爲什麼現在我們的生活沒有一天離得開錢，錢包裡有多少錢，存摺裡列出的數位多大如此重要？爲什麼現在絕大部分國家沒有皇帝，沒有國王？爲什麼我們周圍的空間裡充滿了用尺和圓規畫出來的幾何線條，對於不直不圓的線條我們就覺得醜陋、不舒服？

帶著這樣的疑惑，追究這些切身的「爲什麼」，必定會將我們帶到十九世紀的歐洲，回溯到那個時代產生的一些重大主張與觀念。不管我們喜不喜歡，這些十九世紀歐洲產生的主張與觀念，構成了「現代」的基礎，變成了我們今天生活的基本評判標準。

可以這樣說：雖然人還是人，但從十九世紀之後，人被放置在一套新的座標上。在上帝與傳統的權威失效後，「人是什麼?」被徹底重新探索、重新解釋，原來用來定位「人」的舊系統消失了，取而代之的，是一套新系統。一百多年過去了，這套新系統隨著歐洲勢力的發展，被傳播到全世界，將愈來愈多的人統納入這個系統裡來。今天，要了解自己是誰，了解自己的生活，乃至要批判、改革、反叛現實，我們都需要先認眞看待、認眞察知這套系統。

三個人、三本書、三組理論，在這套系統形成過程中，產生過最大的作用。達爾文、馬克思及佛洛伊德，《物種起源》、《資本論》及《夢的解析》，「進化論」、「階級論」及以潛意識爲核心的「精神分析學」，從此這個世界變得不一樣了，或說，人活在這個世界上，和這個世界發生關係的方式徹底不一樣了！

達爾文改變了人和自然之間的關係，馬克思改變了人和社會之間的關係，佛洛伊德進一步改變了人和自身之間的關係。這三個人、三本書、三組理論像是三維的座標般，將人放置到全新的空間裡，逼迫人重新省視自己的定位。

不管過了多少年，只要我們還活在「現代」的系統與座標中，這三個人、三本書、三組理論就不會過時。這三個人、三本書、三組理論不是歷史的陳跡，而是我們想要清醒、明白地活在今天的世界時，始終有用的線索與指引。重訪這三個人、三本書、三組理論，反而是最能讓我們得到足以應對現實的智慧的直接途徑。

自序

長年受忽視的正義思辯

——一個經得起再三挖掘的知識寶藏

一

我成長於一個馬克思與《資本論》被視爲一株大毒草，絕對不准碰、不能讀的社會。比我年長一代的，像陳映眞他們，還能偷偷組讀書會，偷偷讀《共產主義宣言》和《資本論》，我比他們晚了二十年，也就意味著臺灣的「警總」多了二十年時間，沒收市面上所有和馬克思、《資本論》、共產主義有關的書，並抄獲暗夜中偷偷聚會的左翼團體。

我知道馬克思，知道《資本論》，但我的知識主要是從「三民主義」課本裡得來的，告訴我的是馬克思與共產主義多麼荒謬、多麼錯誤。我連作夢都不敢夢想，有朝一日眞能讀到這些荒謬、錯誤思想的原文版本。

我小時候喜歡逛書店；大一點就學會到圖書館借書；再大一點剛好又趕上了臺灣圖書館陸續「開架化」的過程，於是養成了進書架區遊逛的習慣。

大學二年級時，我到臺大法學院修日文課，順便去逛了法學院的圖書館，逛啊逛的逛到了書庫的地下室；那是一個遠遠就會聞到灰塵氣味的地方，好像從來沒有人會去到的地方。我鼓起勇氣，找到開關將電燈打開，走過一排排的書架，突然間渾身起滿了雞皮疙瘩。我知道了這是個什麼樣的地方——那裡收藏的盡是尚未編目的書，不是因爲太新來不及編目，而是因爲這些書比臺大法學院本身還要古老。那是日據時代，法學院還叫做「臺北法商學校」時留下來的藏書。換句話說，那批書自從一九四五年日本人離開後，三十多年來都被丟在那裡無人聞問。

我在那布滿灰塵的地下書庫裡耗費了許多美好時光。很慶幸那時我還沒有氣喘的毛病，一下午吸著沉積了數十年的灰塵也沒關係。那裡面最多的當然是日文書，其次是德文書。我先找到了一套日共大左派河上肇五冊一套的《自敘傳》。我讀過河上肇的名字，知道他出版過一本《貧窮物語》，對於共產主義在日本的發展有著僅次於《共產主義宣言》的重要地位。雖然沒有找到《貧窮物語》，但光是這個人的書會在臺灣出現，就夠讓我興奮了。

這書非讀不可，然而我怎麼可能在地下書庫讀完那五本書呢？我決心冒險一試。那書沒有編目，但還留有原先日據時代的書碼，於是每次造訪法學院，我就刻意去認一下圖書館櫃台的人，每出現一個沒見過的，我就將河上肇的《自敘傳》和我的借書證一併遞上。如果他看一看告訴我這書不能外借，我就摸摸鼻子把書擺回書架上。試到第四次，總算碰到一個搞不清楚狀況的館員。他只注意到書上沒有貼借書到期單，拿了一張到期單貼上去，在借書證上登記了日據時代的舊編碼，就讓我把書帶了出來！

這個經驗讓我更加喜愛待在地下書庫了。每次進去，總感覺應該會挖到什麼樣的寶。那股興奮與期待，三十多年後仍歷歷在心。

過了一陣子，反覆走過書架好幾趟，我早已猜測應該存在的書，眞的在某個底層書架上現身了：那就是分成上中下三冊的岩波文庫日譯版《資本論》！這次我不敢用原來的方法了，畢竟書上印著誰都看得懂的「資本論」三個漢字，再搞不清楚狀況的館員，也必定會豎起敏感的政治天線。而且《自敘傳》我想看，《資本論》我不只想看，還想收藏。那就只有一種方法：乞靈於圖書館裡的自助影印機。

那一陣子，我幾乎每天都去法學院圖書館，文學院的課也不上了，成天鬼鬼祟祟地徘徊在影印機旁，一看到沒人使用，就去印個幾張，在別人靠近前趕緊離開。搞了好幾天，《資本論》上冊快印完時，影印機竟然壞了。

影印機壞掉也就算了，接下來廠商換了新的影印機，一看我傻眼了，因爲他們換上了投幣式的影印機！原本每次影印完，只要自己算好張數，去櫃台付帳就好了，這下子變成得準備銅板才能影印。沒辦法，我每天只得先蒐集家裡所有銅板，帶到圖書館，把銅板印完爲止。

每次一印完，便將印好的紙張帶回家小心收藏在衣櫥裡，早上出門時抽出幾張，仔細摺成八摺大小，收在書包裡，利用等公車、搭公車時，一張一張拿出來讀。公車一到學校，就不讀了，畢竟會擔心被人發現我在讀最可怕的禁書。

熱中於遊逛法學院地下書庫的同時，我又發現了另外一個寶庫，也是個少有學生踏足的地方——臺大總圖書館的「參考書區」。顧名思義，「參考書區」是放「參考書」的，臺灣的學生從小到大只認識一種「參考書」，那種中小學的課本輔助內容，幫助準備考試的書。我敢說，至少三分之二的臺大學生念了四年大學，從沒搞清楚查資料、做研究會用到的「參考書」是什麼，當然就更不會有什麼人出入圖書館的「參考書區」了。

我在總圖書館的參考書區，看到了一套文學院圖書館也收藏的重要「參考書」。那是六〇年代美國芝加哥大學出版的《西方鉅著》（*Great*

Books）（註）——人類文明中的「偉大書籍大全」。這套書我很熟悉，大一剛進歷史系，就被這套書激發了年少豪情，立志要將這一大套五十多冊的「偉大書籍」全數通讀。

別小看「五十多冊」這個數字。芝大這套書背後的信念，除了提倡經典閱讀之外，還相當尊重原書的完整性。編輯者認爲，以摘要、題綱、轉述的方式，是無法眞正獲得經典的智慧效果的。將一部經典的內容「濃縮」成三言兩語，讓學生以爲學了這三言兩語就等於了解了經典，非但不是學習經典的方法，還成了破壞經典價值的最大罪人。要讀就該讀原書、

註：爲《大英百科全書》的姊妹套書。初版總編輯爲時任芝加哥大學校長的哈欽斯（Robert M. Hutchins），副總編爲哲學家兼教育家艾德勒（Mortimer J.Adler）。一九五二年出版的初版僅涵括十九世紀前的鉅著，共五十四冊。一九九〇年出版的第二版增加了二十世紀一九八〇年前的鉅著，擴增爲六十冊。套書依內容分爲四大類——文學、哲學與神學、算學與科學、歷史與社會科學，各以綠、紅、灰、藍四種封皮顏色作區分。哈欽斯將這套書譽爲一「大對話」（The Great Conversation），視其爲二千五百年來與西方一〇二個「大觀念」（Great Ideas）相關的深入論辯。

全書，得到經典內容浸透生命的經驗。所以這套書不摘錄、不省略，再大部頭的書，像是多馬斯．阿奎納的《神學大全》，都一律全文收錄。爲了讓讀者好好接近經典、閱讀經典，所以凡是非英文的著作，這套書都選用最佳譯本，並以聖經紙精印，每一冊動輒七、八百頁。蠅頭小字、雙欄排版，容納的字數多得嚇人。

《西方鉅著》系列的第一冊是荷馬史詩《伊里亞德》與《奧德賽》的完整版合訂本。我記得很清楚，而且相當肯定，因爲我的宏大志向，就是從荷馬開始實踐的。我也還記得第二冊是《希羅多德》，裡頭收錄了完整的《歷史》（*Historia*）。第三冊則是古希臘三大悲劇作者的作品，埃斯奇勒斯、索福克里斯、尤里皮底斯，但不是很確定喜劇作家亞利斯多芬尼有沒有一起納進來。不確定的原因，是因爲我讀完了第一、第二冊，卻沒能讀完第三冊。我的宏大志向只撐了兩冊多一點。

大二下學期，臺大總圖書館經過了一番大整修，終於重新開放。我走進明亮寬敞的參考書區，找到陳列《西方鉅著》系列的書架，眼光掃過，心跳陡然加快。一看就知道：總圖書館的這套書，比文學院圖書館裡那套多了一本。那一本的書背上，只有短短四個字母——《*Marx*》，馬克思。

盡量維持讓自己的手不要發抖，我佯裝若無其事地將那本大書取下來，快速翻過。沒錯，那裡頭就是《資本論》英文版的全文！

於是又有兩、三個星期，我成爲總圖參考書區影印機使用率最高的顧客。還好參考書區的書籍本來就不能外借，影印是理所當然的使用方式，比較不會有引人疑竇的顧慮。但我還是小心翼翼，每天出門前先想好進了參考書區可以讀些什麼書、幹些什麼事（那裡是不能帶自己的書進去的）。進去後，先一口氣找幾本書堆在座位上，《*Marx*》一定在最底下，然後，每隔一、兩個小時，就起身捧著《*Marx*》到影印機前印個十五、二十分鐘。

就這樣，很神奇地，在我的衣櫥裡，而不是書架上，有了日譯本和英譯本的《資本論》。我以兩種譯本逐句對讀，讀完了這三大卷。幾年之後，我到美國留學，在哈佛廣場找到了專賣左派書籍的「革命書屋」，在那裡所買的第一本書，是英譯的《毛澤東選集》，第二本就是德文原版的《資本論》（*Das Kapital*）。於是我又把《資本論》當作精進德文的教材，對照英文版與德文版將它重讀了一遍。

二

累積了多年逛圖書館的經驗，我相信逛圖書館比逛書店還有趣。誠品書店是很好的書店，逛誠品可以得到很好的收穫與經驗。然而，即使是誠品書店，也不會將一些明顯不會有人買的書永遠放在書架上。

而圖書館會。好的、大的圖書館書架上，滿滿都是這種完全搞不清楚誰會有興趣的書在那裡等著，等到被你莫名其妙地碰上。所有這些搞不清楚誰會有興趣的書匯聚一處，本身就是個了不起的奇觀。

一九八七年，我第一次出國，到美國哈佛大學留學。那一年，哈佛大學的總藏書量正好突破一千萬冊。開學註冊時拿到的新生指南如此告訴我。一千萬冊！哇，好了不起的數字，但在現實裡，一千萬冊的書長的是什麼樣子呢？

「哈佛大學的一千萬冊藏書，分藏於九十九座圖書館裡。」新生指南如此介紹。我不可能走遍這九十九座圖書館，理所當然，就從最大的開始逛起。哈佛大學中最大、藏書量最多的，是威德納圖書館（Widener Library），擁有近三百萬冊藏書。這座圖書館很好找，任何時刻進入哈佛校園，除了約翰．哈佛（John Harvard）銅像前以外，最多人聚集照相的，一定就是威德納圖書館門前。這是一棟很雄偉的方正建築，前面有一排寬廣的白石階梯。我在哈佛的那幾年，任何人都可以走上階梯、推開厚重的大門走進圖書館，看看裡面極其典雅、充滿書香的閱覽室再離去。現在不行了，門口會先查驗證件，得有哈佛大學的學生證或教職員證才進得去。

是因爲電影《鐵達尼號》大紅特紅，才有了這樣的改變。《鐵達尼號》全片的場景都在船上，並不會跑到哈佛大學的圖書館來取景。兩者之所以扯上關係，來自於原本鮮爲人知的歷史事實——如果沒有「鐵達尼號」的世紀海難，就不會有威德納圖書館。

威德納圖書館的全名是哈利．埃爾金斯．威德納紀念圖書館（Harry Elkins Widener Memorial Library）。哈利．埃爾金斯．威德納是一九〇七年畢業的哈佛校友，是個紐約富商的兒子。然而不幸的是，不到三十歲就因爲登上了「鐵達尼號」而葬身海底。據說他之所以搭上「鐵達尼號」，是爲了到倫敦尋訪舊書，死時手中還握著那趟旅程的主要收穫——第一版的笛卡兒《沉思錄》。

顯然，哈利．埃爾金斯．威德納是個書迷，更是個藏書家。他原本就動過將手上部分藏書捐給母校圖書館的念頭，遇難後，傷心欲絕的母親就決定用這種方式來永遠紀念兒子——不只捐出兒子的藏書，還連帶捐了一大筆錢，興建一座在哈佛校園中最宏偉最醒目的建築。這座圖書館書架總長度超過五十哩，足以從臺北一路排到頭份，可容納超過三百萬冊藏書。

電影《鐵達尼號》上映後，這個典故出現在許多相關報導上，讓這座圖書館成了當時最熱門的觀光景點。

威德納圖書館於一九一五年落成，正好趕上哈佛大學快速成長與擴張的時期，因而近乎不可思議的，五十哩的書架、三百萬本的藏書容量，在圖書館成立不到二十年的時間內就被塡滿了。我在一九八七年首度步入威德納圖書館時，這座圖書館的書架當然已經被擠得滿滿的了。

三百萬冊藏書是什麼模樣？進入威德納圖書館之前，我有過各種想像，不過三百萬冊藏書的意義，最後卻是以始料未及的方式給了我巨大的震撼。威德納圖書館的主要書庫一共有八層，每一層又分爲上下排列的AB兩層。初次入內時，我從3A開始逐漸往上逛。書庫裡基本上沒有自然光，主要走道平時就亮著燈，每一排書架前端則有一個古老的開關，想要走進哪排書架，只要向上扳起開關，就會有幾顆光裸的燈泡隨之亮起。

我一路逛到了5A。走進一排書架，從最下層巡視到最上層。不對勁，非常不對勁。那一整排書架上，竟然沒有一本我認得的書！

我所謂的「認得」，是用最低最低的標準，意思是「我知道這本書是用什麼文字寫的」，甚至不需要知道這本書寫什麼、關於什麼。我能讀的語文不多，但能認出的語文卻不少。例如，我不懂韓文，但一眼望去便能從字母形狀判斷出那是一本韓文書。以這種標準，我有把握認得出來的有：中文、英文、日文、韓文、俄文、希臘文、法文、德文、西班牙文、義大利文，以及當時正開始學的梵文。

但那整整一大面牆上，卻找不出一本我看得出是用什麼文字寫的書。翻過身來，背後還有一大面牆的書，這次我看得更慢、更仔細，從最下層看到最上層，再從最上層看到最下層，真的，還是找不到一本我認得的書。

我渾身起滿雞皮疙瘩。光是這兩堵牆，就有幾千本書，它們雖近在眼前，但書中的知識，我窮其一生大概都沒機會吸收。雖然我那年才二十四歲，但就算我能活到一百歲，也不太可能去學習這些文字。這裡，就在這裡，矗立著一大堵注定和我絕緣的人類文明遺產。

我深深體認到自己在知識世界面前的渺小。有朋友笑過我：幹嘛那麼貪心？世界何其大，本來就有很多事物是我們無法擁有、無法體驗的。我當然知道這個道理，但同時卻也知道、並相信另一個道理，那就是：對世上美好的事物，我們還是會產生基本的好奇與衝動，如果少了這種好奇與衝動，我們的人生恐怕就很不對勁了。

有多少美好事物藏在書籍裡，等著我們去碰觸？若不努力嘗試探究，許多豐富的美好就會和我們錯身而過，而我們甚至沒有機會知道自己錯過了什麼。在那兩堵書牆前，我如此黯然驚歎著，每一本書我都能輕易碰觸到，但終我一生，卻連自己曾與什麼樣的龐大知識與經驗錯身而過都無法知道。

三

大學時代緊張兮兮、偷偷摸摸地逐句閱讀《資本論》時，我腦袋裡不禁出現一個在當時感覺何其遙遠、何其虛幻的夢想——也許有一天，臺灣會變成一個可以公開、自由閱讀馬克思的社會。到了那一天，我們不再視左派、社會主義，甚至共產主義爲毒蛇猛獸，那麼一定會有很多年輕人爲馬克思對於公平正義的熱情所感動，也會有很多好學深思的年輕人爲馬克思深邃複雜的社會、經濟思考所吸引。有了這些新一代的臺灣人，就能打造出一個更合理、更健康、更自由的社會。

二十多年過去了，臺灣早已是一個可以公開、自由閱讀馬克思的社會。但當年我所想像的，卻還有一大部分仍如此遙遠、如此虛幻。我查了一下美國的「亞馬遜網路書店」，輸入「Karl Marx」，出現了3730條結果，輸入「Marx Capital」則出現了8927條結果，最誇張的是，輸入「Das Kapital」竟然出現了11765條結果。換到日本的「亞馬遜」，輸入「資本論」有2144條；輸入馬克思的名字則有5568條。

那麼臺灣的「博客來」呢？輸入「資本論」，出現兩百七十條結果，但稍微看看前兩頁就知道，其中沒有任何一本繁體版的《資本論》中譯本，而且大約只有二十條眞正和《資本論》一書有關，其他都只是書籍介紹中有「資本」和「論」，便一併被搜尋進來了。

怎麼會這樣？今天的臺灣社會得到了我們當年無法擁有的知識自由，對這個知識寶藏卻徹底忽略，一點興趣都沒有？

我無意將馬克思奉爲神明或英雄。事實上，很長一段時間，世界上眾多共產國家把馬克思供上眞理權威的聖殿，對我們理解馬克思、自馬克思著作那裡汲取智慧非但沒有幫助，反而成爲最大的阻礙與傷害。然而，當年用那樣的方式閱讀，後來又多次重讀，卻讓我眞誠相信，《資本論》眞是一個經得起再三挖掘的寶藏，每次閱讀，都能從中挖出幫助我們思考社會現實與正義理想的有用知識。

四

二〇〇五年，我開始在「誠品講堂」講授「現代經典細讀」課程。

「現代經典」指的是曾經對於現代世界的面貌——物質的或精神的，空間的或價値的——產生過巨大影響的書籍。我們甚至可以說，這些書決定了我們今天爲什麼如此生活、如此感受。思想與觀念聽來抽象、虛無縹緲，然而回顧歷史，最巨大的變化，卻往往起自於思想與觀念。我們今天相信什麼，將哪些事情視之爲理所當然，幾乎都是由過去的思想、觀念變化所決定的。

「現代經典」就是提出思想與觀念的書，這些思想與觀念透過書，透過讀書的人，創造了新信念，創造了相應的新行爲。閱讀「現代經典」，就是幫助我們溯源地理解這些塑造了現代生活——我們自己的生活——的思想與觀念。不管我們喜不喜歡，今天的世界，我們今天的生活，很大一部分是依隨著十九、二十世紀西方的思想、觀念打造出來的，就算要批判或改變這樣的世界與潮流，我們還是得先從深入理解現實來源做起吧！

「現代經典細讀」課程最早排出來的，是馬克思、達爾文和佛洛伊德的作品。這三個人的思想，大幅改變了歐洲人的世界觀，進而透過歐洲勢力的擴張，感染了全世界。簡化、精要地說：「馬克思改變了人與人的關係；達爾文改變了人與自然的關係；佛洛伊德改變了人與自我的關係。」這是十九世紀進入二十世紀的思想關鍵，我們沒有理由不花點時間認眞理解。

目次

第一章

阻礙人活得「眞實」的元凶——資本與資本主義

馬克思所關心的，是由群眾所組成的社會，
如何能讓人活得「真實」。
因此他最積極分析的，
就是什麼樣的社會因素或力量阻礙人活得「真實」。
他為什麼痛恨資本主義？
為什麼要以強烈批判的筆調
寫出一本厚厚的《資本論》？
因為在他的哲學之眼中，
資本與資本主義是人與「真實」之間的最大阻礙。

馬克思的「工人無祖國」

這些年來，我不僅喜歡也享受重讀馬克思，每次重讀都一定能夠給我帶來新的啓發，他總是能激勵人心。（He's never failed to inspire.）讀馬克思，我從來不覺得自己在研究歷史，在接觸一種已經成爲歷史陳蹟的過時思想，只是爲了了解一種曾有過的人類經驗。我從來沒有覺得馬克思過時。

馬克思的思想非常寬廣，碰觸了太多面向。回頭讀他所探討的，就會發現其實和今天的現實問題緊密相扣。例如，如果我們忠實地回到他的原意，而不是藉由轉手傳播的話，就會發現馬克思對於「全球化」的議題，提供了非常精采的視角。

馬克思一個重要的概念，是「工人無祖國」。他在十九世紀中葉，就提出了這樣的概念，後來廣泛流傳，甚至成了早期勞工運動的響亮口號與指導原則。「工人無祖國」究竟是什麼意思？轉手傳播的通俗說法告訴我們，那是馬克思對於勞工階級屬性的一種描述。馬克思認爲工人的階級屬性，會超越他們的國籍認同，站在共同的階級利益上，英國的工人、德國的工人、俄羅斯的工人……將組成跨國界的勞動陣營。換句話說，馬克思的「工人無祖國」，是對於勞工階級的一種「實然」觀察描述。

從這樣的角度出發，也就有了基於轉手傳播而來的批判，甚至嘲諷。很多人批判：雖然勞工階級是馬克思整套理論的核心，但馬克思根本不了解勞工階級，他連對勞工階級的觀察、描述都搞錯了，歷史也斬釘截鐵地證明了他的錯誤。一九一四年爆發了第一次世界大戰，自十九世紀起發展了幾十年的歐洲勞工運動，面對民族主義的攻勢完全無法招架。各地的工人紛紛參與戰爭，爲自己的祖國上戰場對抗、屠殺其他國家的工人，導致當年的跨國勞工陣線——「共產國際」因此瓦解。

「工人無祖國」？馬克思在胡說什麼？工人當然有祖國！

但若回歸到馬克思的思想脈絡，尤其是理解馬克思和黑格爾哲學之間的關係，理解他如何看待歷史、如何劃分「實然」與「應然」（註），我們就不會、也不該用這麼粗糙的方式來批評「工人無祖國」這句話。

馬克思沒有說：工人階級有了階級意識，就會放棄祖國。這不是馬克思論理的方式。馬克思的論理中，由工人階級打造、統領的社會主義，是歷史的下一個未來階段，將會取代目前的現實。那現實是什麼？在現實，也就是「實然」的情境裡，人類正活在資本主義的歷史階段中。

所以要先從「資本」談起，從「資本」了解起。「資本」，尤其是馬克思在十九世紀的歐洲看到的發達工業資本主義，一旦形成了，很容易就會跨越國界，成爲國家、政府權力所無法管轄的更大力量。眞正的根本現象是「資本無祖國」，資本會穿越國界，忽視國家、政府的意願到處流竄，尋找、創造最高的利益。「資本無祖國」甚至不等於「資本家無祖國」，或者後來更通俗的說法「商人無祖國」。資本家、商人可以有國籍，也會在主觀意識上有對於自我國家國籍的認同，但即使如此，都不會改變規模更大、層次更高的「資本無祖國」歷史動向。

這才是馬克思的觀察，才是馬克思了不起的洞見。他說的是：在資本主義社會中，「資本」會有自身的一套運作邏輯，其動向甚至不是握有資本的資本家，能夠以主觀意志來控制的。不是資本家控制「資本」，反而是「資本」控制資本家。「資本」雖然是人造的，是資本家投資創造出來的，然而到了一個程度，「資本」就倒過來決定了資本家的行爲，操縱了資本家，這就是馬克思從黑格爾那裡承襲而來，並加以大幅擴張改造的「異化」觀念。這觀念指的是事物發展成爲其對立面，本來由人所創造出來的事物，轉過來控制、甚至重新塑造人。

註：實然（Sein）與應然（Sollen）爲哲學語句、命題、和判斷可有的區分。實然代表事實，應然代表應該。實然語句試圖宣稱事實上狀況是如何，應然語句則試圖宣稱狀況應該要是如何。

工人無祖國才能因應資本無祖國的概念

這樣的「資本無祖國」概念，在一百多年前剛提出時很難說明、更難理解。但一百多年之後，要說明、要理解就變得容易多了。舉個簡單的例子，今天有家汽車大廠叫Nissan，這是哪一國的企業？Nissan這個牌子，是從「日產」這兩個漢字的日文發音來的，「日產」兩個字的意思太清楚了——「日本產」、日本製造，會取這樣的名字，道理也太明白了，就是爲了凸顯這些汽車和這家公司的日本屬性。

但我們今天是否能夠簡單地斷言「日產」就是日本企業？首先，掛「日產」品牌的車，在臺灣由「裕隆」生產、在大陸由「東風日產」生產，在兩地都是法律上和市場上認定的「國產車」，而不是日本進口車。再者，還有更麻煩的：不說產品，就說企業本身，「日產」眞是屬於日本、屬於日本人的嗎？

「日產」的最大股東，是「雷諾汽車」。我們知道「雷諾」是法國車廠，過去掛有「雷諾」品牌的汽車，我們理所當然視之爲法國車。所以，今天的「日產」已經變成了法國企業，「日產」的汽車實質上是不是也變成了法國車？

這個答案也不太對。「日產」的經營者基本上還是日本人爲主。除了「雷諾汽車」，「日產」還有很多其他股東，而且「日產」也在世界各地投資其他車廠，交織成了非常複雜的擁有權網絡，其中也包括「裕隆」及「東風」。還有，「雷諾」本身也不是只有法國人的資金，其擁有權的複雜程度，絕不低於「日產」。

「日產」不再是單純的日本企業，「雷諾」也不再是單純的法國企業。事實上，我們已經完全無法以國家、國籍的分類來描述「日產」、「雷諾」這類汽車大廠。現在我們習於稱呼這類企業爲「國際企業」、「跨國企業」，意思是他們不屬於哪個特定的國家，做生意的範圍遍布在世界各地。請問：「國際企業」、「跨國企業」，不就是「資本無祖國」的最佳寫照嗎？

讓「日產」、「雷諾」等企業，從原屬國籍變成「國際企業」或「跨國企業」，是哪個日本人或法國人刻意安排的嗎？當「日產」的股份被大批轉賣給「雷諾」時，日本人應該把決定這筆買賣的傢伙抓出來痛罵一頓，甚至以叛國罪起訴嗎？

不可能。因爲這種狀況是在長時間內發展而成的，既不是由哪個人決定、也不是任何人能決定的。眞正下決定的力量，是資本運作的根本原則：那就是投資是爲了換取最大的利益，哪裡可以提供更高的利潤，「資本」就該去哪裡；做什麼能降低成本、提高投資效率，就該那麼做。經過長年發展，這個根本原則已升級爲普遍的信念，它的力量足以沖垮任何與其牴觸、與其不相容的其他力量，就連國族或國家也無法倖免。

「資本」追逐利益的原則，甚至超越了資本家，「資本」成爲一個被異化的主體，反噬其創造者——商人與資本家。資本家可以有祖國、商人可以有祖國，但「資本」會拖著他們超越他們的國界、超越他們的祖國。

一百多年前，馬克思就靠觀察與思辯預見了這個現象。所以他才提出

「工人無祖國」的運動口號，作爲「應然」層面的解決或對抗方案。工人要取得自主性，不被矮化爲替資本家創造「剩餘價值」的工具，就必須因應「資本無祖國」的本質，走上「工人無祖國」的跨國串聯道路。

一個英國的工人選擇對抗英國的資本家，是毫無勝算的。在英國資本家背後，有著普遍的、超越國界的資本聯盟，德國資本家、法國資本家、美國資本家……將站在衛護資本獲利機會的立場，而不是出於對英國資本家的認同與友誼，隨時協助打壓阻礙資本獲利的力量。

馬克思認爲，用有國界概念的眼光看待資本，只能看到一個國家境內的資本與資本家，這種工人運動永遠不會成功。資本是超越國界的，資本家會形成一種源自資本本質的聯盟，所以爲了對抗資本家，工人與工人運動，也必須組成跨越國界的聯合力量。

「工人無祖國」是個應然的命題，而不是實然的描述。回到馬克思的原意，我們就不會誤以爲「第一次世界大戰」眞的證明了他的錯誤，反而會驚異地發現他一百多年前建立「工人無祖國」應然命題的這套論理，比二十世紀絕大多數經濟學家所提出的圖像，更接近我們今天的世界現實。

經濟影響政治的時代

今天的現實是，政治權力和經濟權力之間，出現了很少人願意承認、面對的錯位落差。政治權力是以國家爲基本範圍的，每一個政府的權力都以國界爲限。日本政府管不到韓國，韓國政府不能規定俄羅斯該怎樣。日本國民不能投票選韓國總統，韓國國民當然也無權介入俄羅斯的選舉。

但「日產汽車」呢？日本政府有權力管「日產」嗎？不能，「日產」已經不是日本企業了。那法國政府有權力管「日產」嗎？不能，「日產」也不是法國企業。相反的，「日產」卻絕對可以、也有能力挾其財力與影響力改變日本政府、甚至俄羅斯政府的行爲。「日產」如果威脅將關閉日本境內的一家車廠，讓幾萬名員工失業，日本政府豈能不調整政策，以公權力想辦法請「日產」改變主意？「日產」如果宣布要將在日本關掉的生產線移到俄羅斯去，俄羅斯政府豈會不調整政策，動用公共資源來配合「日產」的計畫？

臺灣有一條全世界獨一無二的高速鐵路，用的是日本新幹線和歐洲高鐵的混血系統。爲什麼會有這種奇怪的混血產物？其實是出於臺灣政府的外交考量。「臺灣高鐵」是一家不折不扣的臺灣企業，而且必須依賴政府給予的特許執照才能營運，是臺灣政府百分之百管得了的。於是政府就規定「臺灣高鐵」不能只向日本採購，同時也必須要有歐洲標。政府打的主意很簡單，以向歐洲採購的龐大金額爲誘餌，讓歐洲高鐵廠商爲了搶食這塊大餅，去向他們的政府施壓，幫助創造對臺灣有利的外交環境。換句話說，看中的就是企業那足以影響、甚至操控政府的能力。

跨國企業可以影響、操控政府，關鍵就在於它們不再屬於任何單一國家。而像「臺灣高鐵」有著明確的國籍屬性，就不會有這種影響、操控能力了。政治權力依舊在國界內運作，然而資本利益與經濟權力卻早已超越了國界，這是個嚴重的現實問題。如何面對這個問題？至少有一種方式，那就是回到馬克思，從馬克思的思想裡汲取靈感與啓發。

「工人無祖國」的現代啓示，就是我們會需要超越國界的組織，來制衡資本與資本家。那或許不再是傳統意義下的勞工運動組織，而是更多元的國際性非政府組織（international NGOs），但其根本精神，一是跨越國界、二是牽制資本爲所欲爲的龐大力量，兩者均與馬克思當年的「應然」命題一脈相承。

以香菸與菸害的問題爲例。香菸製造商很早就發展成龐大的跨國企業，快速開拓市場，一度所向披靡。有什麼方法能阻擋菸商的擴張行爲？一種方式是由各國政府或司法機構，個別訂定對菸商的規範。例如在美國風起雲湧的反菸運動訴諸於健康賠償官司，判定菸商要在二十五年內賠償將近兩千億美金。兩千億美金！這是什麼樣的天文數字？等於六兆臺幣，等於臺灣政府將近三年的總預算。

這下菸商慘了？他們輸定、倒定了？話別說得太快。菸商在美國的確輸得很慘，但別忘了，他們還握有美國以外的全球海外市場。雖然在美國踢到鐵板，他們仍能在海外的其他國家發動更積極的市場攻勢，想辦法把在美國賠掉的金額賺回來。於是不用二十五年，短短三、五年間，我們就會看到第三世界國家的吸菸人口大幅成長，而且年齡大幅下降，從全球角度來看，菸害問題反而變得更加嚴重。

美國是稱霸全球的超級強權，美國司法也給了菸商最嚴厲的處置，但就連他們也動搖不了菸商的利益基礎。那麼還有什麼國家、什麼樣的政府對付得了菸商？顯然，只有一種方式能與菸商的實力抗衡，那就是建立一個串聯不同國家、由各國反菸害團體組合而成的國際性非政府組織，以跨越國界的力量聯手對付菸商。菸商的利益是跨國界的，他們的策略與執行也同樣能跨越國界，光靠受限於國界的政府，是拿他們沒辦法的。

青年馬克思的養成

馬克思在他的著作裡，提出了許多超越時代的意見。才二十歲出頭的他，還在《萊因時報》當編輯時，就寫過一篇關於言論自由的文章。他的觀念清楚直白，認爲言論自由的關鍵在於法律的保障，有明確法律條文保障的自由，才是眞正的自由。他看待自由的方式，不是從自由的主體能幹什麼來考慮的，而是去檢驗可以侵犯、限縮自由的力量。自由的關鍵，在於不受任何人的主觀任意侵擾，因此唯有明確定義出這個不受主觀任意侵擾的範圍，才有自由，或者也可以說，自由才取得了具體的意義。

不過這篇文章並不好讀。我們必須穿越複雜的黑格爾哲學術語和觀念，才能到達該文探討法律與自由關係的核心。只要讀幾篇馬克思的文章，尤其是早年的作品，就能明白馬克思的首要身分，絕對不是埃德蒙·威爾遜（註一）所說的「煽動家」，而是個「哲學家」。循哲學的脈絡源流了解馬克思，遠比先入爲主地把他視爲一個煽動家、革命家要來得有意義。

思想史家法蘭克．鮑姆（註二）在總結西方近代哲學的動向時，做出了漂亮而實用的定性描述，叫做「從實有到變異」（From Being to Becoming），這是近代哲學與傳統哲學最大的不同之處。傳統哲學的根本衝動，是找到不變不動、統合一切紛紜現象背後的實有（Being）——一個創造所有變化、自己卻不變不動的主體。在傳統哲學的位階上，不變的存在高過變動的現象，或者該說，哲學的出發點，就是不信任變動的現象，堅決主張在變動與現象的背後，一定有不變的實有。

自古希臘的柏拉圖，到文藝復興時代的哲學思想，都認爲變動的現象是假的。哲學要看透這層假象，將這層假象視爲挑戰，刺穿它、戳破它，

註一：埃德蒙．威爾遜（Edmund Wilson，一八九五—一九七二）：二十世紀美國最具代表性的作家、文學與社會評論家之一。著有《到芬蘭車站——馬克思主義的起源及發展》、《愛國者之血——美國南北戰爭時期的文學研究》等著作。

註二：法蘭克．鮑姆（Franklin L. Baumer，一九一三—一九九〇）：著有《現代歐洲思想》（*Modern European Thought*）一書。

找到隱藏在它背後的不變眞實。那便是存有、那便是本質，那才是我們該掌握、該信任的。

然而到了近代，也就是啓蒙主義時代之後，發生了一個巨大轉向。變動發生得愈來愈快、愈來愈多，快到、多到不能再以原有的態度應付，不容許人再將之簡單地視爲只是方生方死的現象，或本體本質不完整、殘缺的彰示。變動、變化就這麼逐漸取得了哲學思考上的獨立地位。

十七世紀之前，不管繞了多大的圈圈，人們問的基本上都是：「這世界是如何產生的？爲什麼是『有』，而非『空無』？爲什麼世界存在，而非不存在？」一定有個力量或道理讓世界存在，而不是一片虛空。世界萬物萬象的存有，是必須被解釋的核心問題。

十七、十八世紀之後，基本問題改變了。人們不再疑惑世界爲什麼存在，而是接受了它存在的事實，轉而問：「這世界爲什麼會改變？那創造世界、讓世界存有的力量爲什麼不給我們一個完美、固定的世界，而要讓它不斷變動？爲什麼我們面對的不是單純的存有，一直在那裡，一個存有本身便涵蓋一切的世界，而是一個在存有之後、存有之外不斷持續變化的世界？變化是怎麼來的？又是爲何而來的？」

十九世紀的思想動向，就更明確地是以探討變化爲主了。變化比不變重要，或者該說，變化遠比不變更值得我們探索、更與我們密切相關。達爾文提出了一套關於生物世界如何改變的理論，震撼了整個歐洲。讀了達爾文的《物種起源》後，同時代另一位絕頂聰明的英國人赫胥黎第一個反應便是爲之扼腕：「這麼明顯的道理，我怎麼會沒想到呢？」會有這樣的反應，因爲不只是赫胥黎，許多和達爾文同時代的人，都紛紛將他們的聰明才智用於思考：如此複雜又不斷變動的世界是怎麼來的？什麼是刺激變化的規則，或管轄變化的原理？正因爲他們認眞整理、思考過，才會一眼就看出達爾文的突破點，爲自己沒能更早找到這個突破點感到萬分可惜。

達爾文的突破，在於對物種變化提出了一個簡單、普遍的因果規則。他不再視物種爲上帝所創、不變不動的東西，這是理所當然的；此外，他也不再探討個別物種變化的原因。他找到的，是所有物種皆遵循的變化方

來自黑格爾「正——反——合」辯證法的影響

在馬克思生長的年代，最流行的哲學思想，是黑格爾的哲學。所有聰明、或自認爲聰明的年輕人，都非得讀讀黑格爾不可。黑格爾之所以重要，部分原因是他有效回應了「從實有到變異」的潮流，提出了一套特別用來解釋變化現象的「辯證法」。

「辯證法」最基本的公式，是「正——反——合」。簡單說，黑格爾主張任何一個現象發生後，都會隨著時間產生累積。依照《聖經》〈創世紀〉，上帝創造了亞當和夏娃，但既不會、也不可能停留在僅有亞當和夏娃的階段。亞當和夏娃會生下子孫，個個都是和他們一樣的人，第三個、第四個、第五個……每個都和他們一樣，但從兩個人到五個人、十個人，這數字的累積就讓「一樣」之中有了「不一樣」。累積與增加，就是一切變化的根源。

對於任何好的事物，甚至任何僅屬「正常」的事物，都會帶來一股增加的動力。倘若世界上有人存在是好的、是正常的，那麼就沒有理由拒絕或阻止在亞當與夏娃之外，還有第三個人、第四個人、第五個人……我們從本質上肯定這是件好事，於是連帶賦予了一個不言而喻的道德訓令——你應該做更多這類的好事。這就是黑格爾所說的「正」，一切的開端。

黑格爾的理論中仍有上帝存在。上帝不會故意創造壞的事物，這是神學上的必然主張。上帝創造出好的事物，於是這些好的事物開始繁衍。好的事物自身就帶著允許其增長的道德訓令，於是這些上帝創造出來的事物持續增加、持續累積，當「量」大到一定程度，便反過來影響或改變「質」。

這就是「辯證法」的第一條變化法則——從量變到質變，或可說成量變會產生質變。好的東西不斷增加，增加到一定程度，其性質就會改變，而且依據黑格爾主張，是改變成原有性質的對立面。例如財富，多有一塊錢是好事，多有兩塊錢是好事，但當你有了兩百萬，那麼一塊錢就不再是原本的一塊錢了。一塊錢失去其原本的價值，同時也使擁有者失去了對一塊錢的珍惜，財富對我們人生產生的作用也就改變了。增加一塊錢能多帶給我們一份豐饒，但累積到兩百萬、兩千萬，財富非但不再帶給我們生活上的豐饒，反而倒過來讓我們的生活變得封閉，爲了累積財富而取消了財富的所有其他作用。這量變到質變由本來的「好」變成了「壞」，從「正」（thesis）變成了「反」（antithesis）。

由「正」而「反」，待「反」又累積到一定程度，那麼原來的「正」的價值，又會換一種角度、換一種方式重現。什麼時候我們才會回頭思考財富的眞正意義？往往是在我們「窮到只剩下錢」的時候。擁有一塊錢時，我們清楚知道財富是怎麼回事，到了有一萬塊時，我們變得沒那麼清楚追求財富是爲了什麼、擁有財富又是爲了什麼。什麼時候大家才會重新認識財富、重新認識一塊錢的眞正價值呢？答案是當自己以及周遭的環境充滿了「反」，充滿了對財富的盲目追求，充滿了貪婪，以爲沒有兩百萬就不算錢，完全看不見一塊錢，甚至鄙視、看不起一塊錢時。唯有在如此極端的情況下，才會提醒我們當年看待財富的初衷，懷念當年眼中財富的美好。

也就是說從「正」到「反」之後，一切也不會停留在「反」的階段，而是會繼續變動，變動到懷疑、乃至推翻了「反」。但變化的下一個階段，不會回到「正」的原點，而是形成了「正」與「反」兩者之間的「合」（synthesis）。那是一個既包納了「正」、又包納了「反」所創造出來的新價值。若還是以財富爲例，那就是一種既能夠體認一塊錢的價值、也能承認兩千萬有意義，財富和我們的生命產生了新的轉化關係。

所以，「合」就是大團圓大結局了？不，「辯證法」告訴我們，「合」是一種新的正面價值，一種歷經變化得來的美好答案，但仍是又一個「正」，也注定得進入下一個「正——反——合」的循環。

我們曾經寶貴過一塊錢，後來也曾經揮霍過兩千萬，經過種種反省及思考，才終於找出了財富的新意義。如果從現實、個人的角度來看，一塊錢或兩千萬都不夠有意義，我們應該將財富拿來投資未來，放在教育事業上，這便是轉化過的財富新方向。這樣的「合」是件好事，所以就很容易說服其他人用這種方式看待財富，也就有愈來愈多的錢投注到教育事業上，大家都來開學校，既有的學校都紛紛升等或擴張，如此發展到一定程度，會發生什麼事？

就會發生類似今天臺灣所碰到的大問題。在教育上投資過度，導致教育資源浪費，反而毀了教育。年輕人完全不懂得珍惜受教機會，教育工作者也無從追求教育品質，受過十多年長期教育的人，實質上什麼也沒學到，無法應付社會職場的要求，於是就有更大的動機一直躲在教育機構裡，不畢業、不就業，反而導致社會人力資源嚴重短缺。

「正——反——合（正）——反——合（正）——反——合（正）……」一直不斷變化下去，這是黑格爾提出的「辯證法」，對馬克思那一代的人來說，這就是對變化最具說服力的解釋。

來自黑格爾歷史哲學的影響

黑格爾的影響，當然還不止於提出「辯證法」。在「辯證法」之上，黑格爾還給了一套變化的目的論：變化有規律，而且並不盲目。以更遠大的眼光來看，黑格爾告訴我們變化是有方向與目的的。

變化的源頭，是一份力量，一個神祕的動因，黑格爾將之稱為「精神」，或「超越的精神」。我們很容易看出這個「精神」或「超越的精神」很像是「上帝」的化身。邏輯上，「精神」和「上帝」一樣，是我們從現實不斷追究其因，直到退無可退的那個「第一因」，宇宙的因果鍊從這裡開始，但它自己卻是有果無因的。「第一因」必須是有果無因，才能終止我們對於世界因果的後溯探求。

黑格爾將之稱為「精神」，是為了避免「上帝」給人心中產生的一種人格神、意志神的聯想，也為了脫離上千年神學的糾纏。「精神」是純抽象性的，但「精神」和「上帝」一樣，不是偶然、盲目的力量。從時間變化的結果回推，黑格爾主張我們可以確證「精神」有其目的，就好比一般人想像「上帝」心中就有對這世界的完美設計或藍圖。「上帝」創造了世界，但是怎麼創造的？顯然祂不是一舉創造出了完美的世界，就放在那裡不加理會了。

那個完美的設計或藍圖之所以完美，乃是因爲它存在於一個絕對的「精神」、絕對的智慧裡。但絕對的精神、絕對的智慧必須「客體化」（objectify）、「物質化」（materialize），才能成爲眞正的世界。「客體化」、「物質化」是黑格爾哲學到馬克思思想的關鍵字。將原本內在於絕對「精神」、和絕對「精神」合而爲一的完美設計外在化，必須變成外於「精神」的客體存在。必須賦予其物質性，世界才能從主觀抽象的設計轉變成具體的存在。

然而，觀念或設計一旦被「客體化」、「物質化」，就不再是觀念或設計，也就不再完美。換句話說，一旦成爲客體、具體的存在，那存在就是原本絕對「精神」的「墮落」，也就是從完美變成不完美。要避免這種

「墮落」，那份完美就只能作爲觀念存在於「精神」內，而唯有接受「墮落」，忍受或夾雜不完美，才有辦法離開「精神」，成爲具體的物質世界。

這樣的論理，可以在多馬斯．阿奎納（註一）的神學，乃至進一步往上追溯，在柏拉圖的哲學裡找到其遠源。現實是上帝心影的不完全顯現，也可以說現實只是「理型」（註二）的一種不完整的投射。但黑格爾沒有停留在這裡，他的重點不在點出現實與「精神」之間有所差距，或現實不過是「精神」的不完美實現，而是進一步把這個觀念動態化、過程化，來解釋變化的由來，並論證變化其實是有方向的。

在絕對「精神」的內在，一切是完美的，然而「客體化」、「物質化」的過程會帶來缺陷，也就有了好與壞的分別。一旦有了好壞，物質世界也就受到前述的「辯證法」所規範，開始進入「正——反——合」的變化，從量變到質變，由正面轉爲負面，又轉爲「正」、「反」相合，產生出更高一層的「正」。

世界就是如此隨「辯證」的盤旋變化往上發展，這就是時間，這就是歷史。因而歷史，以抽象的角度來看，就是絕對「精神」的自我開展。「精神」墮落爲具體，然後這個帶有缺憾的具體世界，再透過「辯證」的變化盤旋而上，一步步朝絕對「精神」回返。歷史，依照黑格爾哲學的說法，乃是開始於絕對「精神」的墮落，終結於現實，再度與絕對「精神」合而爲一。這就是歷史的方向。這就是歷史的意義。

歷史有頭有尾——這是黑格爾哲學的重要主張。歷史的每一階段，甚至每一事件，我們都能用兩種眼光來予以衡量：可以從一頭看看這階段、這事件距離歷史的開頭——「精神」的原初墮落——有多遠；也能從另一

註一：多馬斯．阿奎納（St. Thomas Aquinas，約一二二五—一二七四）：中世紀哲學家和神學家，自然神學最早的提倡者之一，也是湯瑪斯哲學學派的創立者。天主教會將其譽爲史上最偉大神學家，並列入三十三位教會聖師之一。著有《神學大全》及《哲學大全》。

註二：理型（Theory of forms）：柏拉圖最出名的理論之一。指世間萬物的性質最純粹完美的形式。柏拉圖認爲人類感官可見的事物並不是眞實，只是一種表相，也就是完美理型（form）的一種投射。

頭看這階段、這事件距離歷史的終結處——現實再次與「精神」會合——有多遠。歷史就處於這兩個端點的中間。

柏林圍牆倒塌、蘇聯瓦解之後，有一本書在美國出版，並在全球引發了熱烈討論。那是日裔美國學者法蘭西斯・福山（Francis Fukuyama）所寫的《歷史之終結與最後一人》。從書名便能看出，福山的論證基礎在於黑格爾哲學。他把民主、市場與個人自由視爲人類的終極理想，那麼在冷戰結束，共產主義集權瓦解後，美國所代表的民主、市場與個人自由的價值便幾乎成爲普世標準，這就是「歷史之終結」。這樣一本以黑格爾哲學爲基礎的著作竟然會成爲暢銷書，眞是件令人始料未及的怪事。因此環繞這本書的爭議，很多不過是望文生義的各說各話，其實很難有所交集。

馬克思對黑格爾的逆反：從人的角度看待一切

黑格爾是馬克思重要的思想背景。黑格爾的「辯證法」和歷史哲學，都對馬克思產生了巨大的影響。不過馬克思自己明確地描述過他和黑格爾的基本差異——他將黑格爾的哲學上下顛倒了過來。馬克思認爲：黑格爾的哲學有頭下腳上之嫌，必須予以倒轉，回復到頭上腳下的正確位置。

這話是什麼意思？黑格爾的哲學起點，是「超越的精神」，先有「超越的精神」，才有墮落、才有現實世界，世界是「超越的精神」的物質化、客體化。馬克思把這個起源關係顚倒過來，主張「超越的精神」或「上帝」，其實不過是人的理想投射。黑格爾說：世界是「精神」的物化；馬克思卻說：「精神」或「上帝」是人的理想化。

馬克思不接受黑格爾整套論理的起點——先有絕對的、超越的「精神」，這個「精神」爲了實現自我而開展爲現實，因此開啓了所有的變化；但馬克思認爲這不過是神話。馬克思從純粹人的角度看這件事，認爲歷史的變化並不是從抽象的、只能論理假定、卻無法捉摸的「精神」開始的，而是人類出於實踐人的眞實性（authenticity）的衝動所展開的一場試驗與鬥爭。

黑格爾的「精神」是先驗存在（註），必須從論理中推斷，而不是憑我們的經驗就能夠把握的。馬克思不接受這種先驗論點，眞正存在的是人，是人去思考、去想像了在現實中不存在、無法實現的東西。也可以說，這一切的起源來自於人類一種獨特的能力：人可以超越自己的生活，想像出高於自我存在的事物。人類以這種能力創造出「上帝」，人以這種能力創造出了一種理想的存在、一種理想的情感，將不存在於現實中的素質與特性投射在「上帝」或黑格爾所謂的「精神」上。

這些事物出現在人的腦海中，卻不存在於現實生活裡。於是就產生了希望讓這些想像素質或特性實現的衝動。例如：「神愛世人」，那是因爲我們能夠想像一種徹底、普遍的愛，對每一個人、每一個靈魂付出同等關懷、同等熱愛。但這種愛，我們無法在現實中找到，只能把它假定地放在一個更高的主體「上帝」身上，但這種想像嚮往是眞實的。甚至這種想像嚮往在現實之外，決定了人的眞實性。我們沒有能力實現徹底普遍的愛，但我們卻有足夠的思考與反省的能力給予它確切的評價：徹底普遍的愛，比我們的現實生活更高、更美、更值得追求。相較於這樣的理想，我們當下所過的現實生活不過是次等的。我們應該擺脫次等的生活，努力去過更好的理想生活。於是，那不現實的理想，反而變得比現實更眞實（authentic），成了我們回頭評價、批判現實的標準。

和動物相比，人最特別的本事，就是能想像比現實更美好、更眞實的生活。狗不會有夢想、貓不會有夢想，人有。人將這些夢想向外投射，就成了「上帝」，就成了「精神」；人要將夢想化爲現實，就有了黑格爾所

註：先驗存在（Transcendental existence）：康德將知識區分爲「先驗」（transcendental）與「後驗」（posteriori）兩種類型。一般使用感官知覺獲得的知覺知識、透過觀察實驗等方法建立的科學知識，都屬於後驗知識。數學與邏輯等則屬先驗知識。形上學原則亦屬先驗知識。

說的開展變化，但那不是「上帝」、「精神」的神祕開展變化，而是人的夢想，人實踐更眞實生活的開展變化。

「上帝」和「精神」都是人的創造物。這是馬克思對黑格爾哲學戲劇性的逆反立場。人將我們身上理該具備、但現實中無從擁有的最美好性質投射在「上帝」身上。因而，「上帝」的眞正身分，是「最眞實的人」（Authentic Man）。「上帝」所代表的，就是人類生活最純粹、最理想、最眞實的狀態。

「上帝」原本代表人，人的理想、人的追求。換句話說，「上帝」存在的目的，是爲了讓人可以變成「上帝」，變得和「上帝」一樣純粹、一樣眞實。但在人類經驗中，「上帝」卻被「異化」了。人類創造了代表眞實人類的「上帝」，將之拱爲崇拜的對象，進而就跟人徹底、絕對地隔絕開來，人只能膜拜「上帝」，進而只能盲目地服從「上帝」的意旨，於是人自己創造出來的「上帝」被「異化」成了另外一種東西，成了人的主宰。人創造了「上帝」，本質上人應該是「上帝」的主人，卻在經過「異化」之後倒了過來，人自願地變成了「上帝」的奴僕。

這就是馬克思所說的「異化」。上帝本是人的理想投射而成的，卻因爲被塑造成高高在上，而和人之間有了絕對的地位差距。人只能崇拜上帝，而不能變成上帝，人變成上帝的機會，已經被上帝取消了。這豈不荒謬？這豈不愚蠢？原先爲達成目的而設計的手段，竟變成了目的本身，取消我們達到目的的可能性。

當自己主人的社會才是好的社會

馬克思提醒我們注意人的荒謬、愚蠢，而且這樣的荒謬、愚蠢不只發生在人和上帝之間。有了上帝的例子，「異化」的觀念也隨之建立。我們很容易在歷史上，乃至在生活周遭，看到許多類似的「異化」現象。包括國家，當然也包括資本。

唯有從哲學的角度還原馬克思的哲學關懷與哲學立場，回到他和黑格爾的關係，我們才能掌握馬克思的一項基本信念——那就是他對人的「眞實性」始終念茲在茲，以此作爲他的社會分析與歷史解釋的判準。什麼樣的社會是好的社會？那就是一個能讓人擺脫「異化」，當自己的主人，追求、實踐「眞實（authentic）」生活的社會。我們該如何看待歷史？必須以一種有效、有利的方式觀察、評斷在那樣的歷史階段中，人過得有多「眞實」，又受到多少「異化」的力量宰制。

這是馬克思的根本判準。試圖理解馬克思對於資本與資本主義的批判時，如果不把這個判準放在心上，我們便很容易以今天先入爲主——已經被資本主義同化了——的常識反應，覺得馬克思誇大了資本主義的壞處。馬克思是依一個明確的判準才做出如此批判的，那就是人的「眞實性」。人可以完完全全不受「異化」，過一種實現自我的生活。

因此在閱讀馬克思時，我們可以不斷自問一個哲學問題：你在生活中有多大的自由？有多少因素或力量在拘束你，讓你無法成爲自己想要成爲的人，甚至讓你無法想像自己能夠成為什麼樣的人？有沒有一種更好、更理想、更自在、更公平、更正義的生活存在於這些拘束之外？那樣的生活，和你目前所過的現實生活有著什麼樣的差距？如何衡量現實生活和那更好、更理想、更自在、更公平、更正義的生活之間的距離？從現實到理想，你缺少了什麼、需要什麼？

馬克思就是隨時心存這些問題，所以才會那樣看世界，並發展出那樣的批判理論。有一種通俗的馬克思否定論，將他說成一個不得志的人，一個窮酸秀才，自覺懷才不遇，所以看不慣這個現實世界的一切。其實馬克思的批評是出於非常清楚且獨特的哲學信念，來自於他對人的「眞實性」的尊重與堅持。

人的「眞實性」，指的就是人所過的生活和自我潛能合而爲一，不需要另外塑造迎合其他外在標準的自我；這樣的人才是「眞實的人」。或以黑格爾式的哲學語言來說，就是人的形式與內容徹底合一。

也就是你內在的所有美好潛質，都變成你身上的現實。你的理想就是你的現實，你的現實就是你的理想，形式與內容徹底合一。馬克思也以同樣的哲學立場來解釋民主。民主和王權有何不同？馬克思說得很清楚——民主在政治上絕對且獨特的地位，就在於其形式與內容的徹底合一。在民主制度中，每一個人所做的個別決定，同時也是整個社會的決定。而君主王權，則是社會中每一個人所做的決定，必須屈從於君主的決定。社會由人民所組成，但社會的現實卻不是由人民所決定，其形式與內容之間，顯然有著巨大的差異。

依這個標準，就連共和的代議制度，都做不到形式與內容合一。社會成員的思考與決定，必須經由代議士解釋、立法，才能成爲社會現實，這中間就必然存在著差異或距離。眞正理想的民主政體，是人民思考與決定的總和就能構成社會現實的政體。一個國王宣稱爲人民著想所訂定的法律，絕對不可能等同於每一個人的眞正需要，其所設定的形式，與實現的內容明顯是不相符的。

馬克思如此評斷政治體制，他也以同樣的概念評斷人生。這是一種只能用哲學概念來理解的標準，無法化爲我們今天熟悉的具體條件——擁有兩百萬、兩千萬，或找到一個錢多事少離家近的工作……之類的例子來說明。馬克思要的不是任何這種具體條件所構成的生活，而是人能實現其自我形式的自由「眞實」生活。

馬克思所關心的，是由群眾所組成的社會，如何能讓人活得「眞實」。因此他最積極分析的，就是什麼樣的社會因素或力量阻礙人活得「眞實」。他爲什麼痛恨資本主義？爲什麼要以強烈批判的筆調寫出一本厚厚的《資本論》？因爲在他的哲學之眼中，資本與資本主義是人與「眞實」之間的最大阻礙。

資本當然是人造的產物。由私有財產制發展而來的資本，本來是人類用以追求美好生活的一種手段或工具。但這工具後來卻愈長愈大，長成了一個回過頭來威脅、綁架，乃至吞噬人類的怪獸。馬克思撰寫《資本論》的用意，一方面是讓我們看清這隻怪獸的扭曲面目，另一方面則要描述這隻怪獸究竟是如何形成的。

《資本論》既是經濟學、政治經濟學，也是政治經濟批判。在描述及分析資本的同時，馬克思也在進行批判，也在提出應如何消滅這隻怪獸的主張。三者在文本中緊密結合，無法分開。這是《資本論》的核心精神，以及由此核心精神衍生而出的特殊論理方法。

第二章

讓世界回歸「異化」前的原初狀態

在馬克思的理想原始情境中，
每個人、每份關係、每樣東西，都是不該交換的。
馬克思這想法很荒謬？
如果我問你願意拿幾個姊姊來換一個媽媽，
你會如何反應？
如果姊姊不能拿來換，那舅舅能不能換？
那家裡養的小狗能不能換？
寫滿了的日記本能不能換？
丈夫身邊的床位能不能換？
在一間屋子裡留了三十年的東西能不能換？
換或不換的標準和底線究竟是什麼？

從工匠到工人，從店鋪到工廠的變化

馬克思的《資本論》從釐清人與人所製造出來的事物間的關係出發。人原本是以主人或創造者的身分與自己製造的東西發生關係，然而到了十九世紀，尤其是在十九世紀的英國，這種關係出現了巨大變化。

變化起自於工廠制度的建立。工人取代了原本的工匠，舊有的工匠傳統圍繞著許多簡單的常識與道理，一旦變成了工人與工廠，這傳統就不再能夠成立了。

在工匠傳統中，一個鐵匠花三小時打一把斧頭，花一小時打一把鋤頭，那麼理所當然的，斧頭一定比鋤頭貴。此外，一個鐵匠打三把斧頭所能得到的收入，一定是打一把斧頭所能得到的三倍。然而如此理所當然的計算，換到了工廠制度裡卻不再適用。工廠制度的核心因素是工資。工人身分的一項特色，就在於他們是領工資的。

傳統社會中曾有一種流浪工匠（journyman），他們的收入類似工資。

不過那是因爲他們沒有自己的店鋪，無法參加行會，只好幫擁有店鋪的工匠打工。在傳統社會裡，流浪工匠被視爲是不正常、不幸的人，是正常工作關係的偏離。而他的想法與選擇，必定是努力跳脫流浪工匠的狀態，成爲行會下的正常工匠。

可是工資關係卻是工廠制度中的正常狀況。原本被視爲偏離正軌的例外，在工廠裡卻被普遍化了，於是出現了一些原先工匠環境下難以理解的情況。例如一個工人在工廠裡，不論生產多些還是少些，獲得的都是同樣的固定工資。套用亞當・斯密在《國富論》舉的例來說，一個工廠裡每一個工人原本要花三天才能磨出一根針。但在工廠老闆獲得了新的知識後，不再讓每個工人從頭到尾磨出一根針，而是把工作流程切分開來，讓他們各自負責其中一個程序。如此分工，生產效率增加了，變成三個工人每一天可以合作做出三根針來。從結果上說，本來三個人三天才能生產三根針，現在一天就生產三根針。奇怪的是，生產結果增加了三倍，但工人的工資絕不會隨之增加三倍，最有可能發生的狀況是——由於每個工人的工時和原本相同，因此他們依然領原本的工資。

如果工作流程進一步改變，引進了機器，或許三個工人一天就可以生產九根針。生產結果又提高了三倍，但工資呢？仍然和原本一樣！這中間的落差，就是在原本工匠環境下無法理解的。三天造一根針所領的工資，和一天造三根針所領的是一樣的。生產的結果明明會帶來不同的利潤，這些針明明是透過工人的勞動生產出來的，但多出來的利潤卻與工人無關。這八倍差距的利潤都到哪裡去了？

除此之外，還可能發生更奇怪的事。一個過去三天生產一根針的工人，後來變成一天生產三根，然而工廠的老闆卻宣布：雖然造出了這麼多針，但並沒有那麼多消費者買針，因此只得降低工人的工資。產量增加，收入卻反而減少！這教一個工人如何理解、如何能接受？

工廠制度剛出現時，工匠變成了領工資的工人，但他們不可能那麼快就遺忘原本的傳統工匠價值觀。從工匠到工人，這中間究竟發生了什麼事，困惑了許多人，也刺激了許多人從不同角度加以解釋。

而馬克思，就是提出重要解釋的其中一人。

馬克思是煽動家，還是思想巨人？

馬克思是個非常用功的人，曾經花了很多時間在大英博物館的圖書室裡大量閱讀。他不只大量地讀，也努力思考、勤奮寫作。他所寫的東西，在他過世前有很大一部分並未發表。他在世時，歐洲社會對馬克思的認識和後來很不一樣。那時的人主要透過他相對很短的一篇著作留下對他的印象，那就是《共產主義宣言》。

《共產主義宣言》當然是很重要的歷史文獻。其重要性不只在於文章裡說了什麼，也在於文章以什麼方式敘述這些內容。《共產主義宣言》發表一百五十週年紀念時，義大利學者兼小說家安伯托．艾可（Umberto Eco）特別寫了一篇文章，標題就叫做「卡爾．馬克思的文學風格」。文中他提醒我們：馬克思的影響力，部分來自於他文字風格的力量。他的筆調是揭露式的，以極具自信的口吻爲讀者撥開了表面現象的層層紛亂，直指其背後的眞理。絲毫沒有疑惑，也絲毫不需討論，他從歷史中看出了明確的道理與秩序。

很多人爲馬克思這種風格所震懾，成了他的信徒；當然，也有很多人爲馬克思這種風格所惱怒，批評他是個信口開河的煽動家。身爲一個曾爲左派知識分子的語言符號學家，艾可敏銳地點出馬克思之所以能成爲思想巨人，首要原因就是：他是個風格不凡的寫作者。

《共產主義宣言》開篇第一句：「一個陰魂不散的幽靈漂浮在歐洲上空。」「幽靈」（spectre）這懸疑的字眼，一眨眼工夫就抓住了讀者，接著馬克思又以雄辯之姿告訴我們這「幽靈」是什麼。憑這種強而有力的風格，《共產主義宣言》在很短時間內激勵了很多人，讓他們覺得自己看到了眞理，看到了歷史的規律與方向。

《共產主義宣言》當然是重要的歷史文獻，其重要性與其文字語言風格關係密切。不過，《共產主義宣言》卻是一篇風格很不馬克思的文章，他和恩格斯合寫的這篇文章，帶有一股馬克思其他著作中不易看到的直接與簡潔，或者也可以說，有著一種哲學性的匱乏。較之《共產主義宣言》，《資本論》就複雜、晦澀、曖昧得多了。那文字絕對不是乾淨清澈的，彷彿每個字的背後都拖著另外一長串沒有說出來的哲學前提和論理，彷彿每一句都是勉強從意義的深淵裡拉釣出來的。

馬克思平時的寫作方式較接近《資本論》，那種風格源自他的思考方式。他思考一件事時，必須先用三句話對主要名詞與概念進行定性解釋，然後在這三句話中又會衍生出另外三個需要被定性解釋的名詞與概念。他所受的哲學訓練，使得他沒有辦法讓任何名詞、任何概念稀里呼嚕地在句子裡矇混過去。

《共產主義宣言》則是個例外，是特殊條件下的偶然產物。因爲動筆前就將之定位成一份「宣言」，設定了只呈現結論而不羅列推論過程，也設定了使用「小冊子」（pamphlet）的版面形式與篇幅容量等原則，因此馬克思不得不將許多習於提及的東西刪除。

勉強將自己的想法塞進小冊子的形式裡寫出來的內容，意外地有了巨大的影響力，同時也意外地塑造了馬克思的某種刻板形象。許多人藉由一八四八年出版的《共產主義宣言》認識了馬克思，以行動或思想聚攏到馬克思和恩格斯的身邊。透過《共產主義宣言》，他們所看到的是一個充滿煽動力量、擅長鼓動人心的行動領袖（charisma）。

的確，《共產主義宣言》徹頭徹尾是一套行動綱領。它宣告歷史演變有一定規則可循，藉由過去的演變軌跡，我們確認了歷史的演變方向。接下來，歷史必將進入工人階級與資本家進行殊死決戰的時代，而且工人必將獲得勝利。倘若工人失敗，就代表歷史被延遲了。所以我們大家應該站出來，付出血汗努力奮鬥，勇敢地促成下一階段歷史的順利到來。

這既是鼓舞，也是威脅。工人有機會將世界帶進下一個階段，成為社會的主人；而如果不奮鬥、不努力，導致現階段的歷史遭到延遲，受苦最深的也將是工人們。工人們有機會在自己這一代，憑自救進入天堂，不必等到末日審判，也不必祈求耶穌救贖；但若不想辦法把自己帶上天堂，就將一直留在地獄裡受苦。地獄與天堂的絕對差異，保證了工人應有的選擇。

工人們爲《共產主義宣言》所鼓舞，接受了它的預言，也自然地期待《共產主義宣言》的作者挑起領導運動的重任。不過，馬克思還眞不是個適合走進群眾、組織群眾、說群眾的語言、帶領群眾戰鬥的人。在這方面，他的朋友恩格斯都還比他有經驗、有資格些，至少恩格斯還管過工廠。

中國古人的說法是「一家之不治，何以天下爲？」馬克思是眞的連家裡的事都管不好，在人際關係上從不曾有任何値得稱許的成就。他的主要時間都用在讀書及思考上，和社會最直接、最密切的經歷，不過就是擔任過記者。這麼一個人，竟然因爲他對於歷史與社會的思考，因爲《共產主義宣言》，一下子就被推上了群眾運動的最前線。

發表了《共產主義宣言》之後，馬克思的後半段人生頻頻陷入掙扎。

組織共產黨、搞「共產國際」、與德國社會民主黨及英國工運有所牽連，中間牽涉了許多複雜的人際關係，遠遠超過他有限的社交能力所能承擔。對他而言，這些都是時間與精力的巨大消耗。雖然沒讓他完全停止思考及寫作，但畢竟嚴重影響了他思考和寫作的方式，為他增添了許多混亂。

一個馬克思，各自表述

也就是說，《資本論》本來是可以更完整、更有系統的。今天我們看到的《資本論》一共有三卷，不過其中只有第一卷是由馬克思本人親筆完成，另外兩卷則是恩格斯後來從他的筆記中整理出來的。

馬克思的思想極為縝密，寫作的策略也非常嚴謹。撰寫《資本論》第一卷時，他所選擇的策略是從一個關於勞動與價值關係的假設談起。一個物件從原料變成產品的生產過程，靠的是工人的勞動，因此產品價值減去原料價值，算出來的就是勞動價值。馬克思以這個假設爲引子，闡述他對「商品」的思考與解釋。

《資本論》第一卷以大部分篇幅討論「勞動價值」。我們經常聽到的一種對馬克思經濟理論的批判，針對的就是他的「勞動價值說」。他們的說法是：商品的價值並不完全來自「勞動價值」。生產除了工人的勞動之外，還有很多其他因素參雜其中，就是因爲馬克思忽視其他種種因素，主張原料價值和產品價值之間的差異統統來自「勞動價值」，所以他的經濟分析不可能是對的。

但關鍵是，這種飽受批評的「勞動價值說」，在馬克思的理論裡不過是個策略性的假設，是個基於解釋商品性質所需而來的論理工具。到了第三卷，他就離開了這個假設，擴大了對於勞動與價值關係的說法。可惜的是，很少有人，尤其是那些批判他的人，有耐心讀到《資本論》的第三卷。於是想當然耳，他們就將第一卷中的假設，當作是馬克思對勞動價值的所有主張了。

寫了《保衛馬克思》（*Pour Marx*）的法國哲學家阿圖塞（註）至少認真地將《資本論》讀到了第三卷，清楚看見了馬克思勞動理論的複雜全貌，所以他能從邏輯方法上爲我們釐清這件事。阿圖塞提醒我們：馬克思沒有笨到看不出價值是由許多不同因素決定的。價值和所有的現象一樣，都是一個系統、一個架構，而不是單一的一組因果。

重點在於，該如何描述這個多因的系統或架構？例如說，我們要如何描述今天手機和生活的關係？我們馬上可以想出三種、四種，甚至十種手機和生活間的關係，而且從每一種關係都必定會衍生出一片生活因果連結網絡來。如果要條列性地描述或形容，那一定是沒完沒了的。馬克思沒打算採取這種羅列、窮究式的論理，他的邏輯方法，以阿圖塞的語言來說，就是「超越決定論」（overdetermination）。

如果我們說：「手機和生活的關係是人際訊息的傳遞」，這並不意味著我們不知道手機和生活之間還有其他關係，更不表示我們否定手機和生活之間有人際訊息傳遞之外的功能或關係，而是我們認爲用這種方式最能凸顯手機的意義、說明手機的功能。也就是我們判斷在手機的所有性質中，這是一個最關鍵、層次與其他因素截然不同的決定因素（determinant），所以叫做「超越決定因素」（overdeterminate）。

在此，描述與評斷同時發生，無法分離。選擇以一個因素來描述，就代表我們找出了一個較高位階的決定因素來評斷這件事。馬克思以這種方式討論「價值」，這是阿圖塞給我們的重要提醒，爲我們在邏輯方法上做出的清楚整理。

馬克思的思考及寫作風格其實相當複雜，需要以同等程度的耐心來閱讀。不幸的是，《共產主義宣言》所吸引到的讀者並不打算如此耐心地看待馬克思，連帶使馬克思本人也在社會的預期及要求下，失去了原本的耐

註：阿圖塞（Louis Althusser，一九一八—一九九〇）：法國馬克思主義思想家，長年與新左派進行激烈論戰，被譽爲「反對資產階級意識形態威脅的正統捍衛者」。著有《孟德斯鳩、盧梭、馬克思：政治和歷史》、《保衛馬克思》、《閱讀資本論》、《列寧與哲學》、《自我批評》等。

心。

所以馬克思的思考出現了許多簡化的版本。他本人也在行動的需求及群眾的期待中，說了許多有失精準的簡化話語，導致了「一個馬克思，各自表述」的奇怪現象。馬克思曾言：「我不是一個馬克思主義者。」若是連馬克思自己都不是個馬克思主義者，那麼「馬克思主義」究竟是什麼東西？又是從何而來的？我們又該如何逃脫「馬克思主義」來理解馬克思？

重點在於改變世界

我的選擇是回到馬克思的哲學身分上，還原他的哲學背景，同時還原他所使用的語言的複雜性。談起《資本論》，受過哲學訓練，尤其是黑格爾哲學相關訓練的哲學家的意見，往往要比經濟學家或共產黨理論專家來得有用。

十九、二十世紀更迭時，馬克思給人的普遍印象是——一個共產主義運動宗師，或一個創造出許多煽動口號的行動家。他的社會與經濟分析並不怎麼細膩，也欠缺說服力，比較像是爲支持共產革命而創造出來的理論。

然而，這形象在二十世紀裡經歷了許多轉折。二十世紀初，馬克思之所以聲名大噪，並不是因爲共產主義運動的成功，反而是因爲運動的挫敗。第一次世界大戰給歐洲帶來的空前破壞，終結了歐洲原本的進步與樂觀，同時也暴露出衝突及仇恨主導的民族主義勝過了超越、理想的共產主義理念。

急遽的轉變，逼得許多人不得不在這種新情勢下重新思索人類的命運。共產主義還有前途嗎？工人運動和左派理想的下一步會是什麼？

爲了在挫敗中尋找答案，新一代歐洲知識分子試圖從馬克思的著作裡挖掘出他更深刻、更複雜的想法。從一個方向看，表面的行動走不下去了，這些人才得以認眞看待馬克思不那麼表面的思想。換另一個方向看，那也是因爲馬克思有其深厚的哲學背景，所以在歐洲價值大動亂的時代，他的想法依然能持續提供刺激，經得起、也值得新一代知識青年的考掘。

盧卡奇（註）就是進行馬克思思想考掘的新一代知識分子之一。他針對第一次世界大戰中展現的階級問題寫出了一本《歷史與階級意識》。在書中，盧卡奇提出了兩個重要的觀念來推展馬克思理論，一是「整全性」（totality）。馬克思看待階級運動的角度不是分析式的，而是要推源並還原其「整全性」。二則是以馬克思對「異化」的看法解釋共產主義運動本身。運動原本是創建共產主義社會的手段或工具，在過程中卻被上綱爲目的，倒過來控制了對共產主義社會的追求，因而導致共產主義的大挫敗。

就在盧卡奇這個知識分子重新思索馬克思思想時，已在墓中的馬克思幽靈幫了他一個大忙，指出了一條過去無人知曉的道路。這條路雖然荒僻，卻充滿詭麗景色。馬克思年輕時所寫的大批手稿，在這個時候被挖掘出版。其中最特殊的，就是撰寫於一八四四年的《政治經濟學手稿》。這份手稿更聚焦地表達了馬克思對「異化」的看法，並且廣泛運用「異化」

的概念來解讀當時歐洲的政經局勢。

在《政治經濟學手稿》出土問世之前，盧卡奇已經發表了《階級與歷史意識》。當時歐洲共產黨的主流意見，對盧卡奇這本書抱持著強烈批判的態度，主要理由就是盧卡奇違背了最基本的唯物論立場，沒有從生產力、生產方式等經濟基礎條件來談歷史，卻大談特談「意識」及虛無縹緲的「整體性」，是將歷史再度「唯心化」的回頭路。

然而奇特的是，《一八四四年政治經濟學手稿》，明明白白出自馬克思之手，其中所陳述的概念、對於歷史的看法卻如此接近盧卡奇飽受批判的著作！爲什麼會發生這種事？批判者的一派堅持：這正證明了盧卡奇的倒退與落伍，他運用了已經被馬克思倒轉的舊式黑格爾哲學看歷史，所以

註：盧卡奇（György Lukács，一八八五—一九七一）：匈牙利馬克思主義哲學家兼文學批評家，在一九二三年以《歷史與階級意識》開啓了馬克思主義思潮，被譽爲馬克思主義的奠基者。尚著有《心靈與形式》、《小說理論》等。

他的看法才會和發表《共產主義宣言》前的青年馬克思雷同。這樣的觀點，馬克思後來已予以揚棄、修正了。

所以這派批判者的立場，也就必然帶來對於馬克思思想的一種判斷——「青年馬克思」和「成熟馬克思」是兩個不同、甚至相反的階段，將「青年馬克思」揚棄、修正之後，馬克思才找到正確的方向，變成了「成熟馬克思」。既然「青年馬克思」已經被「成熟馬克思」所揚棄，討論馬克思思想當然必須以「成熟馬克思」爲準。

至於包括盧卡奇在內的另一派的立場則是：在沒有看到《一八四四年政治經濟學手稿》之前，主要只能靠馬克思後期作品進行研讀與分析，盧卡奇竟然就能準確還原馬克思青年時期關於「異化」與歷史「整全性」的觀念，證明馬克思思想是前後一脈相承的。「青年馬克思」和「成熟馬克思」當然不是對立、斷裂的關係，而是互補、延續的關係。「青年馬克思」的哲學關懷，便是「成熟馬克思」政治經濟觀點的前提和基礎。就是因爲在青年時期已經有本事將這部分的基礎思考得如此透澈、建立得如此堅實，日後才會有「成熟馬克思」的突破。因此，「成熟馬克思」的後期作品已不需要對這部分的思考邏輯多做鋪陳。

依我閱讀馬克思著作的經驗，我選擇站到後者的陣營。後期的馬克思著作，例如《資本論》，表面上說的是經濟學、經濟史及政經理論，然而貫穿這些政經論述的、刺激馬克思以這種方式歸納人類政經活動的，畢竟還是「青年馬克思」時期的人文哲學精神。《資本論》當然是回望《一九四四年政治經濟學手稿》的高度主觀理想主義而產生的。一旦我們認識了「青年馬克思」，就很容易從《資本論》辨識出那些「反異化」的理想主義元素。或換個方式說，正是因爲先入爲主地以《共產主義宣言》作者的角度看待馬克思，才讓許多過去的讀者看不到《資本論》裡強烈的人文哲學價值。

基本上，愈是學經濟學，尤其是正統現代經濟學的人，愈容易將《資本論》看作是單純的政治經濟分析，並從這個角度討論或批評《資本論》，而且他們甚至連《資本論》中明顯的政治與權力相關內容都習於跳過不理，只檢視與經濟相關的部分。

有件事必須謹記：《資本論》既是經濟學、政治經濟學，同時也是政治經濟學批判。馬克思在「費爾巴哈論點」（註一）中寫過一句名言：「哲學家至今只提出了對世界的種種解釋，然而眞正的重點在於改變世界。」（Philosophers have hitherto only interpreted the world in various ways; the point is to change it.）從這個觀點來看，今天我們所熟悉的經濟學，也可說是一般大學裡所教的經濟學，就只是對這個世界的一種解釋，而且還是特定面向的一種解釋。經濟學的任務是告訴我們爲什麼會有這樣的情況，卻沒有義務告訴我們在經濟這個領域裡什麼是對的、什麼是錯的，更不可能建議我們該如何匡正錯處。

但這正是《資本論》在性質上和現代經濟論著最大的差異所在。現代經濟學自豪地將道德與倫理問題排除在外，所以一九九八年諾貝爾經濟學獎頒給沈恩（註二）才會那麼讓人驚訝。長期以來，沈恩一直是西方經濟學界的邊緣人，不只因爲他出身印度的背景，更重要的是他的經濟學中充滿了倫理的討論，和主流大異其趣。他一貫主張，經濟學分析中絕不能沒有道德層面的討論。

沈恩提醒人們應該在經濟學中放入倫理與道德，馬克思則是在開始分析經濟政治之前，就先假定了一個理想的、完美的、應有的人類狀態，視其爲一切的目標終點，並以之作爲分析討論的標尺，念茲在茲地思考人類應如何朝向這個公平正義的目標前進。

註一：*Thesen über Feuerbach*又譯作《關於費爾巴哈的提綱》，爲馬克思一八四五年撰寫的一部手稿。馬克思生前並未決定付梓。歿後才由恩格斯發表。該手稿反應了其對費爾巴哈哲學體系的批判，稱其爲「舊唯物主義」。馬克思也在文中提出辯證唯物主義的概念，並將之命名爲「新唯物主義」。

註二：沈恩（Amartya Sen，一九三三—）：印度經濟學家，被譽爲「經濟學良心的肩負者」。一九九八年以對福利經濟學貢獻，獲得諾貝爾經濟學獎。

是什麼決定了一杯水的價值？

一九八七年我剛到美國哈佛大學念書，住的研究生宿舍裡有三個說中文的學生。除了我之外，另外兩個都是大陸人，他們是我最早認識的大陸朋友。其中一位來自中國社科院「馬列史毛研究所」，到美國讀社會學；另一位則剛從中山大學經濟學研究所拿到碩士學位，到美國攻讀經濟學博士。

有天晚上，這位念經濟學的朋友突然倉皇上門求助。他交給我三篇經濟學論文，問我有沒有辦法以中文向他解釋這些論文在說些什麼。明天就要上討論課了，他卻怎麼也讀不懂教授派發的這些閱讀作業。

這可奇怪了，他是念經濟學的，還在大陸讀到了碩士，怎麼會來找我這個念歷史的呢？他解釋：原本先去找了讀社會學的那個大陸同學，那個同學較常和我聊天，知道我對經濟學有一定的興趣，便建議他來找我。我只好硬著頭皮看看那些論文。看後驚訝地發現，那分明不是什麼艱深難懂的東西，也沒有複雜的計量數學公式，以我自學得來的一點經濟學基礎，都可以看得懂！

後來我明白了，他之所以讀不懂，正是因爲他在大陸讀到了經濟學碩士。在那個時代，他所學的還是馬克思主義的經濟學，而不是西方的資本主義經濟學。那些論文都是以將資本主義經濟學視爲理所當然的立場寫成的。

一個很簡單的道理：在馬克思主義經濟學裡，沒有總體經濟學和個體經濟學的區別，但西方經濟學首先就要區分個體經濟學——講的是個人的理性經濟選擇，或總體經濟學——講的是許多個人的選擇匯集在一起所產生的經濟效果。但在《資本論》的第一章裡，馬克思就如此解釋「商品」：一旦有「商品」存在，一件「商品」的存在就保證了所有「商品」都將和它發生關係。換句話說，我們不可能單獨討論一件「商品」，而是該討論「商品」及其社會關係的總和。馬克思主義經濟學所探討的，是社會關係如何反映在經濟事務上，社會關係的位階高於經濟事務。

馬克思主義經濟學的首要之務，就是分辨階級。一個社會有哪些階級？階級之間有著什麼樣的關係？有著什麼樣的矛盾？進行哪種性質的鬥爭？是可解決還是不可解決的矛盾？是內部矛盾還是外部矛盾？……釐清這些後，才能開始談生產與分配。

我們會驚訝地問：這是經濟學嗎？是的，這不但是經濟學，而且是馬克思主義經濟學務必優先處理、明確定位的先決條件。在社會關係裡，經濟學當然只能是總體經濟學，不會有個體經濟學。

而在西方的經濟學裡，個體經濟學則是起點。偏偏這樣的起點，在馬克思主義經濟學裡是不存在的。此外，個體經濟學這個起點，是幾乎所有經濟學課本開頭的第一課，解釋的是「供需決定價格」。一、兩百年來西方經濟學試驗所得出的結論，便是：要理解「經濟行爲」，最直接有效的方法要從「價格」著手。

若需求增加而供給不變，價格就必定上升；反之，若供給增加而需求不變，價格就必定下降。價格是供給與需求的函數，也是經濟行爲中最核心、最關鍵的因素。根據不同貨物的不同供需變動模式，我們得以算出其「價格彈性」。經濟學裡對於經濟活動的解釋，終究要回到價格上。如何解釋你們爲什麼到「誠品講堂」來聽關於《資本論》的課程，或爲什麼買了一本解釋《資本論》的書？從經濟學角度來看，最重要的是因爲有合理的、讓供需能夠達到平衡的價格。如果今天誠品書店突然覺得太虧待講師，要給講師三倍的授課費用，同時也就要向學員收取三倍的費用，那會發生什麼事？很簡單，原本平衡供需的價格不再平衡，可能有百分之九十的學員不願支付這樣的價格，於是課就開不成了。做爲一個商品，這門課就消失了。在那樣的價格條件下，需求消失了。相反的，如果今天誠品突然覺得太對不起學員，決定將學費降爲三分之一，同時將講師費也降爲三分之一，又會發生什麼事？這也很簡單，講師就決定走人不幹了，這門課同樣開不成。由此可見，在新的價格條件下，供需失衡，商品也會消失。

現代西方經濟學建立在供需及價格互動的概念上，但我的大陸同學所學的馬克思主義經濟學，卻沒有這套前提。價格在馬克思主義經濟學裡也很重要，不過是以作爲被檢討、被批判的對象而存在的。價格所反映的是一個商品的社會關係，而不是其內在價值。重要的是商品的內在價值，價格則是一股扭曲了價值的負面力量。馬克思主義經濟學談到價格，必須一併談到價值，只能在價值的前提規範下談價格。

西方經濟學的起點，則是將價值置而不論。價值是主觀的、變動的，即使存在也無法被客觀測量，因此不在經濟學的探討範圍之內。唯有價格才能被研究、被探討，並被視爲一個人類行爲的變數被預測。對西方經濟學而言，價值像是康德哲學中所假定的「物自身」（註），它的確存在，但我們永遠無法直接、如實地碰觸或掌握它。唯有當價值進入到交易關係裡，變成了可以量化的價格，它才能夠被掌握、被研究。

我眼前這只杯子有其內在價值，但我有什麼辦法衡量這只杯子的價值呢？要從誰的角度，用怎樣的尺度或單位來衡量？既然沒有辦法衡量，那麼就算將之假設爲零，假設它沒有價值，我們依然能從經濟學的立場來看待這只杯子。在發生交易行爲時，你願意付出什麼樣的代價來換取這只杯子，呈現出這只杯子的價格，它在經濟學上就有了意義。價格才是可衡量、可解釋，進而可預測的。

再舉個例子。從經濟學的角度，我可以預測在目前的正常狀況下，這裡有一杯水，但這杯水的價值幾近於零，沒有人需要這杯水。但若我現在將門鎖上，不讓場內的任何人出去，六個小時之後，這杯水的價格就必然上升。因爲會有口渴的人需要這杯水，需求增加而供給不變，就會導致價格上升。

註：康德稱人類能以感官實際觀察到的事物爲「現象」（phenomenon），不必用感官就能夠認知的事物則稱爲「物自身」（noumenon）。

商人創造需求，無非是爲了將商品利益最大化

價格是會變動的，我們需要研究價格變動的道理，這是西方經濟學的起點，卻不是馬克思經濟學的起點，對馬克思經濟學而言甚至不是個重要的部分。承襲自黑格爾哲學的馬克思經濟學，不以整理、分析現象爲滿足，打一開始就意圖撥開眾多炫目繁亂的現象，找出其背後的本質。

馬克思認定工人製造出來的物品，有著內在的先驗價值。這是他的經濟思考牢不可破的出發點，也是他的思想和現今經濟學的絕然差異。物品的價值來自其可用性，愈有用的東西就有愈高的使用價值。這是憑物品的內在價值，而不是憑供給、需求等外在因素來決定的。

換句話說，他無法理解在我們今天的生活中變得極爲普遍的一種狀況——需求可以被創造出來，原本沒有用的東西，可能在轉眼間就變得不可或缺。他無法理解這種現象，只認爲東西有用就是有用，沒用就是沒用，多有用的東西，就有多少的使用價值。

西方經濟學開頭的時候，被視爲是一門「憂鬱的學問」，爲什麼「憂鬱」？因爲經濟學出現的前提，就是人的欲望無窮，但每個人能夠用來滿足欲望的資源卻必然有限。經濟學的任務，就是探討如何分配資源，盡可能滿足大家的欲望。但不管再怎麼「盡可能」，資源依然滿足不了欲望。資源若滿足得了欲望，就不需要經濟學了。

在這樣的邏輯下，經濟學當然傾向於將供給視爲一定，探討用什麼方式可以滿足最多人的最大欲望。同樣有十元，是平分給十人每人一元比較好，還是給一個人九元，另外九個人分剩下的一元比較好？傳統經濟學的看法是，那個有了九塊錢的人，他手中所累積的錢會產生邊際效應遞減的作用，多出來的錢，不像有限的錢能帶來那麼大的滿足感。從這個角度來看，集中是不好的，分散才會帶來較大的滿足。

同樣在這樣的邏輯下，經濟學也傾向於節制需求的方法。若是供給不變但需求增加，只會帶來需求更難獲得滿足的更大痛苦。然而，自第二次世界大戰後，經濟學的基本傾向卻有了巨大的改變。本土未受破壞，加上戰時刺激出了大量生產機制，給戰後的美國帶來了空前的富足感。美國人發現原來生產的擴張空間能有這麼大，可以在短時間內動員起來製造出如此大量的武器，那麼回歸平時也就能將之轉移，製造出大量的民生用品。

他們明確地感受到了供給的巨幅增長。經濟學不需要再死摳摳假設供給是不變的，調整需求可能達到更大的經濟效果。戰爭指出了一項過去沒人想過的經濟活動反應——擴大需求可以刺激供給，達成另一種經濟（economical）狀態。戰爭就是最極端的需求，沒得商量、沒得準備，突如其來地就需要一百架飛機、三百輛戰車、一萬門火炮、五百萬支步槍。因應這擴大的需求，美國實施大規模動員，結果大大提升了產量，既滿足了戰場的需求，也沒有犧牲一般平民的生活。

戰時的經驗讓美國的經濟學家變得空前樂觀，助長了戰後排山倒海而來的「刺激需求」、「創造需求」的新方向。非但不要求壓抑需求、限制需求來適應有限的供給，反而鼓勵以人爲方式增加需求；這是極其激烈的觀念逆轉。

的確，幾十年下來，我們生活中充滿了被創造出來的需求。有個學醫的朋友形容我們天天洗澡的行爲，是「拿羊油換人油」。他認爲人類的皮膚隨時會分泌油脂，有其新陳代謝變化，我們卻一定要用香皀把自然的油脂洗去，再想辦法換上動物油脂來保護皮膚，這豈不是多此一舉？但我們今天絕對不會用這種角度來質疑以香皀洗澡這種行爲；它已經被內化成不可或缺的基本需求了。

需求是什麼？多久洗一次澡算是需求？用多好、多講究的香皀算是需求？以前洗澡和洗衣用同樣的肥皀，後來洗澡專用的香皀被區分出來，再後來洗澡專用的香皀和洗臉專用的洗面皀也被區分出來。接下來，誰敢保證不會出現洗腿或洗背的專用皀？誰又敢保證不會有一天，我們會認爲用同一塊香皀洗腿又洗背是件很不可思議的事？

需求可以被創造出來，而創造需求的目的，往往是爲了將商品的利益最大化。一家藥廠可依一套縝密的方法，創造出背部專用皀的需求。他們可以開研討會，請許多醫生、專家提出論文，說明人體背部毛細孔的分布與功能和身體其他部位有什麼不同，或提出數據證明背部毛細孔遇到什麼特殊的化學成分可能發生病變。這樣的說法到了媒體或廣告上就被說成「會產生致癌危險」，藉此便可創造出使用背部專用皂的理由。

以這種方式創造需求、提高需求，最好能再控制供給的稀有性以提高價格，獲取利益。這便是西方經濟學視之為理所當然的經濟行為，也是他們所分析和解釋的對象。

馬克思經濟學則非如此。他以一種天眞、神祕的哲學態度看待價值，認爲每一個物體都會和我們發生一種明確的使用關係，也就是剔除了無用、裝飾性部分的實質「使用價値」。我的衣服、我的水壺、我的手機，首先存在的不是價格，而是它們對我的特定「使用價値」。這種價值是物我關係的本質，交換行爲以及交換所產生的價格，則是這項本質的一種「異化」。

如果我們能夠活在沒有交易的情況下，能夠保有和每一個物體唯一且絕對的本質關係，那是最完美、最理想的。在這種情況下，我們的生活裡只存在無法量化、也無須量化的「使用價值」。對我而言，衣服有價值、水壺有價值、手機有價值，但我根本無須理會它們彼此之間的價值對應關係。

唯有在出現盈餘與匱乏的失衡時，才有交換的需要。你有的我沒有，我有的你沒有，爲了交換有無，我們才不得不思考、商量：那要如何用杯子換桌子，或用稻子換刀子。由於「使用價值」牽涉到每個人與物體的獨特關係，無法用來交易，因此就得創造出另外一種價值來做爲交易中介。

不管這件衣服對你的「使用價值」如何，要把它交易出去，你得先找到它的「交易價值」，然後以此「交易價值」換取同等「交易價值」的其他東西。物品一旦有了「交易價值」，就從原本單純的物體變成了「商品」。當一本書屬於我時，具備的是只有我能感受、理解、衡量的書和我之間的「使用價值」，但當我想以它和別人交換一束花時，書在那瞬間就變成了「商品」，也取得了一個「交易價格」：一個以它和一束花之間的關係來決定的「交易價格」。一本書無法單獨決定其「交易價值」，只能在和別的物品的交換比較中，決定它到底是高於一束花、還是低於一束花。

價格來自交易，也只存在於物物之間的交易關係中，並不等同於「使用價值」。然而，這種物物交易關係所產生的價格，必然會取得一種理性的強制性。各種物品間的交易比例會逐漸形成一個數學網絡，彼此影響、彼此牽制。A物和B物交換，用兩個A物來換一個B物，這本來是只存在於A物與B物之間的比例關係。但今天又有了C物，A物和C物的交易，是一個換一個，這本與B物無關，然而等到有了B物和C物交易的需要時，A物就無可避免地成了它們的價格中介，決定了兩個C物換一個B物才合理。

馬克思告訴我們，一旦有東西透過交易變成「商品」，這「商品」便必然會不斷擴張其交易網絡，衍生出一個龐大的系統。

「價格」將所有東西都變成了商品

人會和一般物體產生兩種關係：一種是透過使用產生的價值關係，另一種是透過交易產生的商品關係；馬克思就是以這種觀點來討論「商品」的。《資本論》的出發點，是西方經濟學，也就是資本主義經濟學所不會有的，那就是人與物品之間的原始、直接的關係，即「使用價值」的關係。一只水壺對你的用處或對你所具備的意義，是你和水壺之間的直接關係。而交易破壞、改變了這個關係，硬是將原本無法量化的價值置入一個價格的量化系統裡，進而使我們產生錯覺，以為物體的交易價值，就等於它的「使用價值」。

我們錯覺愈貴的東西愈有用，也愈值得被追求、被擁有，這也是我們的欲望的「異化」。我們不再依自己內在使用的需求來看待物體，而是以交易中產生的價格這種外在標準來決定物體的價值。在還沒有成為商品之前，物體對我有不可取代的直接意義，我喜歡這支手機，我也喜歡這只水杯，手機和水杯都個別和我有直接關係。然而一旦牽涉到交易，我會發現一支手機可以換八只杯子，於是我很容易就將這個量化比例予以擴大，認爲杯子對我的「使用價值」僅有手機的八分之一，進而認定我對手機的需要及欲求程度，會是對水杯的八倍。

討論「商品」時，馬克思對價格的說法和西方經濟學徹底相反。價格是價值的扭曲，價格破壞了一個更眞實、更基本、以「使用價值」構築而成的世界。價格把東西變成「商品」，價格把所有東西都捲了進來，變成一個「商品系統」，使得每一個東西都只能依照其價格彼此關聯。所以商品關係，就是社會關係。

本來這只杯子對我有用，它的「使用價值」是獨特的。我認定這只杯子的「使用價值」，和你認定的不會一樣。雖然都是同樣一只杯子，雖然同樣是「使用價值」，你愛怎麼用它就怎麼用它，和我的用法既不相干，也無法共量計算；這才是人與物品之間原始、正常的關係。然而當這只杯子變成了交易商品，它與人之間的關係的主觀性便告消失，由一種以價格代表的客觀性所取代。我和這只杯子、你和這只杯子的關係，都得由它的交易價格來決定。商品系統及量化的價格凌駕於我們的意志之上，決定了我們和杯子間的關係；這當然就是一種「異化」。在馬克思眼中，價格不是西方經濟學所看到的經濟基本現象，而是一股龐大且扭曲的力量。

我自己無法決定杯子多有用，必須依賴其交易價格來說服自己杯子的價值。也就是說，我只能將杯子投射進商品系統中，看到它的價格，才能找到我和杯子之間的關係。換句話說，我得看別人在交易中決定杯子有多少價值，才能評斷我有多需要這只杯子。於是原始、直接、簡單的物我關係，就被社會關係給淹沒了。

閱讀馬克思，我們必須將這個理想圖像謹記於心：人有一種和世界獨立地、有機地發生直接（不受中介左右）關係的生活方式。而經濟，就是將我們扯離這種生活方式的力量。直到今日，儘管資本主義經濟學原則如此深入人心，儘管金錢的力量如此巨大，但我們依然堅持有些事物是不能買賣、不在交易範圍之內的。試問對你而言，有哪些具體或抽象的東西是不能交易的，然後將這種不能交易的性質與原則盡可能擴大，你就能獲得馬克思式的視野。

在馬克思的理想原始情境中，每個人、每份關係、每樣東西，都是不該交換的。馬克思這想法很荒謬？如果我問你願意拿幾個姊姊來換一個媽媽，你會如何反應？如果姊姊不能拿來換，那舅舅能不能換？那家裡養的小狗能不能換？寫滿了的日記本能不能換？丈夫身邊的床位能不能換？在一間屋子裡留了三十年的東西能不能換？換或不換的標準和底線究竟是什麼？

馬克思的答案比誰都簡單，態度也比誰都強烈——這些統統都不能換。之所以要換、能換，乃是出於交易需要而付出的不得已代價。一個完整的人的生活，一切都應該以直接的方式存在。一旦開始有交換，就開始產生「物化」、產生「異化」，「交易價值」，也就是價格，就開始取代更眞實、更本源的「使用價值」。

馬克思也以同樣的角度探討金錢的本質。金錢是什麼？是一種最可怕、最有效的理性量化工具，將一切物品悉數圈進了商品的範圍內。在金錢出現之前，物與物的交易關係必須以複雜的倍數關係來處理或想像。A、B、C三物的比例關係，我們還算得出來；但從A到Z二十六種東西的比例關係，就很難算得清楚了。算不清楚，也就存有空隙漏洞，還無法完全宰制我們對價值的看法。

但金錢以一套簡單的數字，便解決了所有複雜的比例關係。每個東西一旦成爲「商品」，便立刻取得了一個以金錢標示的售價，它和其他商品之間的價格高下關係也就變得一目了然。原本物物之間的交易價值比例一旦被轉換成金錢數字關係，就很容易被固定下來。我們只要看到售價，就會誤以爲自己知道該對這東西投射多大的欲望。

甚至不需參與實質的交易，我就能判斷自己對一億臺幣的豪宅的欲望，一定高於一千萬臺幣的跑車，一定高於十萬臺幣的歐洲豪華旅行，一定高於花一千塊到歌劇院觀賞一齣華格納的歌劇。這不是我們和這些事物原有的關係，甚至我們還沒有機會眞正和這些欲望對象產生任何關係，金錢價格便已先爲我們編好了這個排序，我們無法抗拒，也很少人會抗拒。

我們活在將一切事物視爲「商品」的環境裡，也必然習於以價格來架構自己和世界之間的關係。我們爲價格所包圍，被價格剝奪了欲望的自主性，而馬克思認爲這種處境是可悲的。在西方經濟學裡，看到一只定價三萬五千元的手錶，大家的基本反應是：什麼樣的因素決定了這只錶值三萬五千元？在馬克思經濟學裡，看到一只三萬五千元的手錶，基本反應卻是：什麼樣的因素宰制了我們應該如此欲求這只錶？讓它比一百斤的米、一百本的書更爲人所渴求？賦予這只錶如此價格，又會使我們的原始物我關係產生什麼樣的扭曲？

西方經濟學假定價格自有其道理，是客觀的供需互動後的自然結果。馬克思經濟學卻打從一開始就沒有將價格視爲「自然」，而是產生自「異化」的商品環境。西方經濟學意圖解釋現實價格的規律，馬克思經濟學卻意圖爲我們指出現實的世界邏輯出了什麼樣的問題。也就是說，馬克思《資本論》的用意並不在解釋，而在批判。解釋的目的，不過是讓我們明瞭現實的問題。再換個方式說，《資本論》不是要解釋現實，而是要解釋這樣的現實爲什麼會給人類帶來如此巨大、如此普遍的扭曲和痛苦。從這個角度來看，《資本論》既是政治經濟學，同時也是政治經濟學批判。

由此可見，這是個爲了改變而做的解釋，而不是爲了幫助人們適應而做的解釋。閱讀《資本論》，我們必須從這個態度出發，還原並理解馬克思的用意，才能從《資本論》中得到收穫，而不是一再質疑馬克思理論裡有哪些地方和今天的主流經濟學不符。回歸馬克思的前提讀《資本論》，至少能引導我們想像和所有物品發生直接關係的可能，或想像重返「異化」之前的生活的可能性，尤其是在這種可能性距離我們日常生活如此遙遠的現況下。光是爲了一個目的閱讀馬克思，都能讓我們大有收穫——那就是刺激我們不要那麼習於活在既有的觀念與價值的世界裡。

我們平常都是以假設現實社會邏輯是對的爲起點，判斷在這樣的現實裡，自己下一步該怎麼走。但馬克思刺激我們思考：如果這套邏輯根本就是錯的呢？要是有著一個很不一樣，卻更美好、更合理的社會存在，我們是否應該去追求？至少我們可以以那個更美好、更合理的社會爲參考座標，重新檢討、重新審視自己身處的現實社會。

《資本論》的內容，是依人類逐漸遠離原初眞實的過程順序安排的。從「使用價值」墮落到以「交易價值」定義商品，再墮落到將自己的欲望讓渡給「拜物」（fetishism）衝動，再墮落到以金錢涵蓋所有一切價值，再墮落到金錢又從交易計算的工具晉上成一切事物的主宰，也就是「資本」的出現。金錢本來是人用來購買物品的，成爲「資本」之後便倒過來，變成以金錢來購買人，人淪爲爲換取更多「資本」而服務的「物」。「資本」變成了主人，人反而成了服務「資本」的奴僕。

這和「失樂園」的故事如出一轍。人被邪惡的力量誘離原初的天堂，接著就一步步沉淪下去，距離天堂愈來愈遙遠。而且一如「失樂園」在宗教上的論述，馬克思不僅理出了人一路墮落的過程，還鼓勵大家尋回樂園之路，指引大家一條通往救贖的道路。這就是馬克思希冀改變世界，讓世界回歸「異化」前原初狀態的偉大計畫。

多數人都已經習慣了「異化」後的墮落人間，馬克思卻拒絕接受，也拒絕遺忘在墮落人間之外，其實還有個更純粹的存在方式。

第三章

資本主義社會中的勞動者與勞動力

在「資本主義時代」裡，
最耀眼的是趾高氣昂的資本家，
但他們卻得仰賴工人才能存在。
沒有工人，就沒有資本，更不會有資本家。
《資本論》從「商品」開始談起，
接著立刻轉入關於工人與工廠制度的討論，
檢證勞動生產力、勞動強度、工作日與工資等，
證明工人才是資本主義的基礎。

如何在新的生產條件下得到公平的分配

讀《資本論》，最怕望文生義地以今天通用的語意來詮釋馬克思複雜的哲學名詞。他所指的「商品」，並不是我們日常語言裡說的商品；他所指的「交易」，也不是我們日常語言裡所說的交易。「商品」和「交易」都有其哲學意義，「拜物」就更不用說了。他的「拜物」絕不是指拜金，更不是瘋狂的購物行爲。在馬克思的理論裡，「拜物」指的是人類無法自我定義欲望的悲慘狀態。

馬克思並不是一個天眞夢幻的經濟學家，只懂得活在自己的世界裡，因爲不了解現實，才創造出「勞動價值說」、「剩餘價值說」等和今天經濟學主流相悖的觀念。

我在學術上所受的專業訓練，是思想史研究。思想史的基本工作，就是將流傳下來的著作放回過去的時代脈絡，盡可能弄清楚作者是基於什麼樣的想法，才會寫下這樣的內容。思想史方法論上的一個重要原則，就是千萬別誤判作者的主觀動機。

一個人做了一頂帽子，戴在頭上能遮陽，款式也好看，我們卻拿來穿在腳上，然後不滿地批評：「眞是隻做壞了的鞋子！」這種批評妥當嗎？

我們很清楚應該用帽子的道理來評斷帽子，而不是套用鞋子的標準。可是在面對古人的思想時，卻常常忽略這個簡單的基本原則。我們常不顧這個人當時究竟是針對什麼問題提出這樣的意見，理所當然地以我們今天的看法和觀念來評論他的想法。

我們批評一隻鞋，說這隻鞋不夠堅固、穿了不舒服、鞋底又缺乏彈性，每一句說得都對，但只要加上一個前提，這些話一瞬間就都失去了意義——這根本就不是一隻鞋，根本不是做來讓人穿在腳上的。思想史研究開頭的第一樁責任，就是先謙卑地弄明白眼前的這份文本對作者而言究竟是什麼？是帽子、是鞋子，還是雨傘？在沒有把握準確回答這個問題之前，對文本提出任何批評都是不負責任的。

對馬克思的許多批評，其實都經不起這簡單的帽子、鞋子考驗。絕大多數批判馬克思的人，已經先入爲主接受了市場經濟的運作法則，而且他們不了解哲學，也不關心黑格爾哲學在講什麼。在黑格爾哲學影響下，馬克思最在意的，就是目的與手段所構成的辯證變化。

馬克思所處的是一個巨變的時代，人類的經濟生活大幅改變，導致過去的基本原則與是非準繩不再適用。馬克思所要做的，便是在這種新環境下找出符合公平正義的新法則。因此《資本論》並不是一本分析性的著作，而是一本討論是非對錯的作品。對馬克思而言，評判遠比分析解釋要重要得多，唯有評判才能帶來改變。

從一八四八年的《經濟學哲學手稿》到一八五七、五八年的《政治經濟學批判大綱》（*Grundrisse der kritik der Politischen Ökonomie*），馬克思對公平正義的問題作了全面性的反省。反省的最終根據，就是「異化」的概念。唯有不被「異化」，不被工具或手段反過來宰制，人才能過公平正義的生活。他在後來撰寫《資本論》時，雖然「異化」這個詞不再清楚出現在文本裡，但這並不表示《資本論》就與「異化」及公平正義無關。

毋寧是馬克思在《資本論》中縮小了他的關懷。《資本論》篇幅是如此厚重，馬克思至死都沒能寫完，但大家千萬別被這表象給唬住。從哲學關懷的範圍來看，《資本論》並不是擴張，反而是從青年馬克思的視野上縮小聚焦。

《資本論》所討論的，並不是在新時代該如何定義公平正義、找出公平正義的基礎，讓人能夠不受「異化」宰制，而是縮小打擊面聚焦於一件事：在新的生產條件下，如何得到公平的分配。分配，就是《資本論》的核心。

《資本論》的根本問題是：在運用資本進行生產的時代，創造出來的財富與人間資源該由誰享有？以什麼方式分配享有的資格才公平？又該以什麼理由判斷誰該多得一點、誰該少得一點？問這些問題當然也就表示：我們不可能接受現狀，不可能接受以既有的方式來安排，不可能坐視資本家和工人在享受資格的分配上有著如此天差地別的差異。

工作是權利也是義務

從十八世紀進入十九世紀，歐洲對財富分配的思考產生了很大的變動。一七七六年的美國獨立革命、一七八九年的法國大革命，都爲分配的原則與信念帶來了巨大的衝擊。

美國獨立戰爭的起因之一，是對英國稅制的強烈不滿，反映在革命前期的口號——「無代表，不納稅！」（No taxation without representation）上。殖民地人民所不能忍受的，是稅則由英國國會訂定，但在英國國會裡卻沒有美洲選出的代表。藉由反抗到最終脫離英國，北美洲發生的革命凸顯了一項觀念的逆轉。原來的邏輯是政府需要多少錢，就向人民抽多少稅；現在變成人民同意付多少稅，政府才能籌得多少錢。這裡就牽涉到人民的財富和政府的財富間的分配原則；在前一種邏輯中，分配的決定權在政府手上，人民只能接受；在後一種邏輯中，人民爭取到了分配的同意權。國家與人民、政府與人民之間的財產關係，必須本著這個新邏輯重新調整。

法國大革命所帶來的衝擊更是巨大。點燃這場革命的燃料，是一般人對財富分配不均的強烈質疑與不滿。爲什麼貴族可以那麼富有？爲什麼教會可以聚斂那麼多財產？爲什麼最貧窮的百姓，還要被抽取沉重的賦稅？逐漸成形的中間階層保護自身財產的動機十分強烈，連帶地動員了下層階級的情緒，一同挺身要求保障人民財產，進而要求分享貴族財富。一時之間，貴族成了人人喊打的過街老鼠，貴族中的貴族——法王路易十六及其家人甚至被送上了斷頭臺。革命者以如此戲劇性的手法讓大家看清：社會財富不可能繼續集中在貴族與教會手中，必須重新分配。

但要以什麼方式重新分配？分配給誰？要推翻舊有的分配架構或許不難，但建立新的分配辦法可就沒那麼容易了。美國於一七七六年建國後，國家財政接連十年一場糊塗，當時的「邦聯議會」所編列的預算從來沒有得到各州的支持與配合。在最糟糕的一年，「邦聯議會」向各州請求八百萬的預算，最後竟然只收到五十萬。財政上的困難，迫使各州不得不在一七八七年派代表到費城開會，這正是費城會議最後通過「憲法草案」，主張成立一個權力較爲集中的「聯邦政府」的主要原因。

國家與各州間的財產分配都那麼困難，就更不要說個人與個人之間的財富分配了。法國大革命挑破了這個大馬蜂窩，被叮的絕不僅是法國人與法國社會。很快地，這演變成全歐洲的一大課題，接下來又隨著歐洲勢力的擴張，演變成全世界的一大課題。

讓這課題變得更複雜的，是工業化的快速發展與舊分配機制的瓦解同步進行，意味著人們不可能再以原本的單純心態解決分配問題。一頭得思考原來的生產成果與累積財富該如何重新分配，另一頭卻又得面對新的生產成果，以及以空前速度累積的新財富。工業化帶來大量生產，大量生產吸納了大量勞工，同時又創造出大量盈餘。人們很快意識到，新財富的規模與集中程度，比舊財富更可觀，也更可怕。

西方經濟學，尤其是後來轉化出來的市場經濟學，將經濟問題鎖定在供給與需求的動態平衡上，主張只要有一個公平、客觀，不受干預的機制，就能獲得經濟效益；馬克思經濟學則無法認同經濟問題只和供給與需求有關。經濟在追求效益的同時，甚至在追求效益之前，必須先解決分配問題。一個社會該生產什麼、該生產多少、該如何生產、如何決定該生產這個或那個等問題固然重要，但社會生產成果該以什麼方式、什麼原則分配給誰，或該由誰以什麼樣的形式來擁有等問題也同樣重要。

馬克思經濟學建立在追求公平正義的考量上，對於刺激生產、提升效能這套經濟學並不怎麼在行。然而在打造一個分配平等的社會時，這套經濟學就相當有用。卡斯楚統治下的古巴受到美國強力打壓，從市場經濟的成長數據上看來，幾十年來古巴的經濟成長率及工業化程度都相對落後。然而在一項統計上，古巴卻有驚人的突出表現：古巴的貧富差距遠小於世界上大部分的國家。雖然國家整體並不富有，但政府能給予全體國民大致平等的基本服務與保障。這是卡斯楚的成就，他相信擁有平等的財富，是重要的國民基本權利。

一九八九年柏林圍牆倒塌，緊接著蘇聯解體，接著共產主義集團分崩離析。脫離共產主義後，這些國家國民遭遇到的第一個大問題，就是過去他們所認定的基本權利突然間變得不再是權利，而是生活中不可預測、難以掌握的變數。

有一個重要的觀念也隨共產主義、馬克思經濟學一起從這些社會裡消失，那就是不被異化的權利（unalienable right）。馬克思先假設了人——每一個人——具有一套不可被剝奪、不可被異化的基本權利，而他的經濟學的存在目的，就是設計出一種在經濟方面保障這些基本權利的思考。

馬克思設想的權利並不是政治上的權利；不是投票權，也不是言論自由權。這套權利的根本是經濟性質的。例如人人有工作權。一個人必須工作，工作不只是他的義務，也是他的權利，這對市場經濟學而言是不可理解的。在市場經濟學中，工作是一種有價的勞動，和其他商品一樣受到供給與需求變數的控制。有好的價格，讓大家能夠在市場上換來夠好的待遇，人就工作。供給過剩導致價格崩盤時，人就失業無法工作，或就選擇退出市場不工作，使得供給降低，連帶使得工資得以上漲。

工作不工作沒有定數。沒有任何人或什麼力量能保證你有工作；也沒有任何人或什麼力量能強迫你一定要工作，這是市場經濟學對勞動力的看法。馬克思經濟學卻將工作視爲不可異化的權利。一個人沒有工作可做，是社會的墮落，也是國家的失職。因此全面雇傭制及全面就業，在過去一直是共產國家的基本信條。

如何創造全面就業，如何創造一套國家全面雇傭體系，這是經濟學的課題。由於將人人擁有基本居住權利、基本就醫權利奉爲原則，於是如何全面提供住房、提供醫療服務，也是經濟學的課題。理想上，人人一生從搖籃到墳墓都該享有工作、住房、醫療，這是人人應享的權利。

在市場經濟學中，住房和醫療也是應該交由供給與需求來決定的事。也都是能夠、也應該在市場上被販賣的商品。但在共產主義國家，卻是人人應有的神聖權利。這神聖性源自馬克思的理念，以及他所建立的這套經濟學。

該不該有高於市場原則的公平正義理念？

綜觀馬克思從早期到後期的思想，有個特別值得討論的關鍵概念，叫做Praxis。這是個很難譯成中文的名詞，勉強可以譯作「實踐」，不過是一種特定的「實踐」，指的是將解釋世界和改變世界合而爲一。

孫中山先生藉主張「知難行易」，表達了他對《尚書》中「知易行難」的看法無法認同。「知」指知識或理論；「行」則指實踐、奉行知識或理論。不管是「知難行易」或「知易行難」，都假定了「知」和「行」是兩回事。

Praxis的「實踐」，卻接近王陽明所說的「知行合一」，將理論和實行合而爲一。或者我們可以試著將Praxis譯爲「知識的實踐」，意味著解釋世界同時也是在改變世界。對的、好的知識，並不單純是客觀的分析，而是具有改造力量的批判，讓人能夠以辯證的、顚覆性的眼光重新認識世界，因而產生改變世界的決心與力量。

所以馬克思的經濟分析並不是單純的經濟學，而是政治經濟學。在分析經濟因素的同時，必然連帶探索應如何透過政治上的安排，改變既有的經濟結構；這又是馬克思哲學另一個特殊的觀點。

從Praxis的角度來看，馬克思和恩格斯的文章中特別強調共產黨組織的重要性，也發展出關於工人革命政黨和「無產階級專政」的初步想法。不過一直到馬克思去世爲止，他所提出的都僅限於和經濟分析相關的政治綱領，並沒有提出具體的政治手段。馬克思的政治綱領及馬克思主義式的政治手段，是在列寧的手中完成的。

馬克思政治經濟學中的政治面，是列寧因應奇特的俄國革命而建構起來的。一九一七年俄國的工業發展還很落後，工人勢力也很有限，卻發生了共產革命；這樣的情勢大大提高了共產黨的重要性。列寧明確主張建立一個先鋒黨，不只要帶領工人，而且要代表工人來帶領人民。於是原本的工人革命，就被代換成代表工人的共產黨革命，革命的主體悄悄地從工人被換成了共產黨，「無產階級專政」也就變成了「共產黨專政」。

而列寧所設計的這套政治手段，卻掛上了馬克思主義的名義，進而罩蓋在原來的馬克思主義政治經濟學之上。加入了列寧式政治手段之後，馬克思主義變成了「馬列主義」，當然就和原始青年馬克思，或《資本論》中所標榜的立場大相逕庭了。共產黨專政引發了巨大爭議，也製造了許多問題，而這些爭議與問題，常常就被用來批判馬克思和《資本論》，這作法實在有失公允。

由共產黨專政及計畫經濟所產生的種種爭議都被賴到了馬克思頭上，導致原始的馬克思政治經濟學在今日面對資本主義市場經濟學時節節敗退，快速沒落，連帶讓整個世界失去了一個看待經濟事務的重要關懷——那就是在經濟領域中，該不該有個高於市場原則的公平正義理念？我們今天可以用兩種不同角度來看待馬克思與《資本論》，一種角度是視之為歷史的陳跡，一段特殊的人類經驗，純粹出於對於過去的好奇。另一種角度則是堅持從中找出可以為現時提供刺激、反省的內容。兩種角度之間最大的差別就在於：在經濟分析裡除了市場，是否還能有其他的價值標準或關懷？

以價格取代價值所造成的荒謬亂象

若是純粹出於市場機制，出於「理性選擇」，那麼就不會有、也不該有「基本工資」。事實上每次討論到調整「基本工資」，一定有人跳出來主張「基本工資」破壞了勞動力市場機制，反而對勞工不利。一個勞工願意以更低的價錢出賣他的勞動力，市場上也有這樣的需求，為什麼不可以？「基本工資」反而使得這樣的勞動力無法賣出，這個工人必須接受失業的痛苦，為什麼不乾脆讓市場來決定一切？還有，「基本工資」該怎麼算？怎麼算勞工都嫌太低，老闆都會嫌太高，雙方不斷討價還價，甚至爆發激烈衝突，政府該如何訂出一個數字，又該如何主張這個數字是合理的？

按照市場經濟學，一個社會上有一萬個想出賣勞動力的工人，卻只有一千個勞動人力的需求，那麼算下來，勞動力單位價格將接近零。只要給一點點錢，就會有人基於「有總比沒有好」的「理性選擇」，以低價成交。很明顯的，在這種情況下並不會有「基本工資」的保障。

之所以會有「基本工資」，追本溯源，還是源自馬克思經濟學的堅持。勞動力不是商品，而是所有商品價值的創造來源，因而不該以商品市場的邏輯來看待。馬克思的前提是：沒有勞動力就沒有勞動產品，也就沒有商品經濟。所以無論如何都必須維繫勞動力的再生產，因而勞動力的價格底限就很清楚了。一個勞工維持其基本生活，獲得可以產生明天勞動力的溫飽生活，就是勞工所得的底限，也就是「基本工資」。

如果只剩下市場經濟學，不僅「基本工資」失去存在空間，也無法討論「肥貓」，也就是高階經理人的薪資合不合理的問題。打工的商店櫃員一小時領五美元，工廠工人一天領六十美元，整個社會的家戶平均收入爲每日約一百美元，而一個大企業的CEO可以輕易拿到一年六、七百萬美元的年薪，平均一天兩萬，足足等於兩百戶人家的總所得，這樣的狀況合理嗎？

從市場經濟學角度來看當然合理。不管是五塊或七百萬，都是由市場決定的價格，也就是由供給和需求互動所產生的結果。你不可能從市場經濟學裡找到任何原則對這樣的現象進行批評，因爲在市場經濟學裡沒有價格以外的價值。一個人的勞動力的價值，就等於他在市場上獲得的價格。一個CEO的勞動價值，必然是一個工人的三、五百倍。

然而在我們的生活常識中，一來很難完全不去分辨價格和價值。若是價格等於價值，那麼就沒有「物超所值」這種事，日常語言中的「太貴了」、「好便宜」也都失去了意義；這些話、這些觀念，都只有在價值與價格差距對應上才能成立。價格高於我們所認定的價值是「貴」，反之就是「便宜」。

二來，我們不可能徹底取消對公平的關切。眼見有人流血流汗辛苦工作，有人卻坐享其成，我們當然想問：這樣公平嗎？市場經濟學可以幫我們解釋爲什麼大牌CEO獲得的收入比工人多那麼多，卻無法回答如此分配是否公平。

市場經濟學中以價格取代、甚至取消價值的觀念，已經在這個時代製造出許多荒謬的亂象，甚至製造出許多災難。一家企業有多少價值，不是看它屬於什麼行業、生產什麼產品、有多好的經營管理制度與多高的生產效率、甚至不是看它每年有多少營收及利潤，而是看它的股票每股價碼如何。在股票市場上的價格，就等於這家企業的價值。

就是這樣的態度製造了種種亂象。當年網路公司的泡沫化，是這樣來的。企業的割喉併購，是這樣來的。股市炒手橫行，是這樣來的。金融危機衍生爲全球經濟危機，是這樣來的。企業不再努力創造自身的經營與生產價值，而是找其他路數來炒高股票價格，僅信奉價格而輕視價值，亂象和災難就跟著來了。

那些CEO憑什麼坐領天價的薪水？因爲他們有助於創造公司價格。他們的天價薪資本身成了他們最大的資產。從A公司被挖角到B公司，這個CEO什麼事都不必做，立刻就能引發新聞效應，由新聞效應連帶產生股市效應。B公司的股價很可能就靠這條新聞扶搖直上，創造了兩億的市值，他們當然很樂意花一年七百萬薪水來進行這項挖角，因爲划算嘛！他們看上這位CEO什麼樣的神通本事？這位CEO進來後要從事什麼了不起的經營改造？這些根本不是重點！

從一個角度來看，這些CEO的價值，不是來自他們的品格、能力、人脈，主要是來自他們所領的巨額薪水。超乎常理的巨額薪水極具新聞價值，能獲得新聞的關注報導，連帶炒高企業的名氣，並藉此提升企業的股價。所以，憑什麼這些人能坐領驚人高薪？正是因爲他們的驚人高薪所創造出來的新聞價值！

這中間難道沒有任何荒謬之處？我們完全可以想像這個世界上，甚至就在我們身邊，存在著比這些CEO更適合領導大企業的人才。這些人才更有遠見、更有執行力、更有辦法打造團隊、更會談判也更會決策。但只要他領的是「合理」的薪水，就不會讓大眾驚訝得啞口無言，本身不具有影響股價的新聞效果，他就得不到這種高階CEO的位子。

以這種邏輯選出來的CEO，已經和經營本身脫節。但有誰規定選擇CEO一定要著眼於經營呢？我們從經營面看來荒唐的事，在市場經濟上卻自有其合理性，這種選才邏輯有市場，並有從市場上獲利的機會，哪有什麼不對？

以價值守恆爲前提

但眞的沒什麼不對嗎？市場經濟學眞的可以完全說服我們、讓我們心安嗎？

只要對這樣的邏輯心存一絲不安，就能明瞭今天回頭讀馬克思的根本理由。讀馬克思，正因爲我們活在資本主義與市場經濟獲勝並成爲主流的時代。資本主義與市場經濟獨大，這套邏輯傲慢地發展到了極端。馬克思經濟學截然不同的關懷，提醒我們別徹底沉浸在資本主義與市場經濟中，別把它視爲必然或唯一的選項。

今天讀馬克思，不是要大家變成馬克思主義或共產主義的信徒，懷抱著以馬克思主義或共產主義來戰勝資本主義與市場經濟的夢想，而是將馬克思經濟學視爲一個可能的選項，藉以防止資本主義與市場經濟在傲慢獨行中變得過度偏頗、邪惡。

「權力使人腐化，絕對的權力絕對地使人腐化」，英國史家阿克頓勳爵（Lord Acton）的這句名言不只適用於「人」，也適用於思想與意識型態的發展。不受任何挑戰質疑、擁有絕對眞理權的思想會趨向絕對的腐化，失去不斷檢討、改善，適應現實的動能，以一副不容質疑的態度遮蓋在現實之上，不僅傲慢地拒絕配合現實做調整，還倒過來要求現實配合它扭曲、改變。

而馬克思經濟學便是資本主義與市場經濟學最強而有力的論敵，因爲它有著截然不同的前提、截然不同的價值順序，以及截然不同的論理模式。

馬克思的論理模式之一，是所謂的「科學的唯物主義論」。請別對這個名詞隨便望文生義做解釋，弄清楚兩件事有助於我們還原馬克思的本意。第一，馬克思所說的「科學」，乃是來自和當時其他社會主義思想的對比。和馬克思約略同代的人物中，持社會主義主張的尚有法國的聖西蒙（Saint-Simon）、傅立葉（Charles Fourier），和英國的歐文（Robert Owen）等人。然而在馬克思眼裡，聖西蒙、傅立葉或歐文這些人所主張的社會主義來自於空想，並沒有堅實的分析性知識基礎，而是出於素樸、天真的直覺：人不應該活得那麼不公平、不平等，所以應該用社會主義的手段來創造平等的社會。他們並沒有對不公平提出任何解釋，沒有整理不平等的來源，也就不可能準確地規畫出通往公平社會的具體方案。馬克思將自己和這些「空想社會主義者」區隔開來，凸顯他的社會主義是有知識（廣義的科學就是可檢驗覆案的知識）基礎的。

第二件值得注意的，就是馬克思對「科學」的認知與運用。他所理解的「科學」，來自十九世紀已然明確建構起來的一套探索自然現象的方法；這套方法可以舉牛頓的成就來說明。牛頓是現代物理學之父，也是最早的現代科學家。他找到了物體運動的基本法則，將之寫成一個簡單明瞭的公式。這個公式不僅能解釋眼前的現象，還能預測未來所要發生的事。牛頓力學以恆等式描述出物體運動的基本原理，現實的物體依這種規則運動，過去與未來的任何物體，也必然依這種規則運動，不會有例外。

這便是馬克思概念裡的「科學」。他將自己的論理取徑稱爲「科學的唯物主義」，意味著他找到了一個能夠統整人類歷史變化的核心。如同牛頓的力學公式，它既可以用來解釋當前現象，又可以用來預測未來變化；這個核心就是「價值公式」。

馬克思主張，人類活動與歷史變化的基礎在於經濟，而統轄經濟活動的根本又在於價值——也就是價值如何產生，價值如何交換。如果我們能確切掌握「價值公式」，就能確切掌握經濟活動的本質。因爲他的理論以這樣一個放諸四海皆準的公式爲起點，所以不是空想的、揣測的、信仰的或哲學的，而是「科學的」。

馬克思的「價値公式」以科學公式爲其模範，是仿效自然科學公式建立起來的。牛頓力學的開端，必須先將運動現象單純化，並規範單純的力學作用。牛頓力學要能成立，必須定義物體的恆常存在本質，排除物體憑空產生、憑空消失的可能性。牛頓力學只討論恆常存在的物體，討論這樣一個物體如何從A空間運動到B空間，以及過程牽涉到什麼樣的因素。

牛頓力學將物體運動限定在一個封閉的系統中。以牛頓力學的觀點來看，宇宙天體就是一個引力作用的封閉系統，太陽系裡每個行星的運動軌跡，都是和其他物體之間的引力交互作用所產生的結果，其中既不會、也不能有其他變數——例如上帝主觀意識——的介入。事實上，牛頓力學公式可以準確計算出所有行星運動的速度與位置，對基督教的上帝觀造成極大的衝擊。從一個角度來看，牛頓把宇宙封閉起來，變成一個單純由引力控制、作用的系統，其中沒有任何可容上帝插手的空間。如果上帝存在，而且可以主觀且任意地影響天體運行，那麼牛頓的力學公式就不可能準確。反之，如此簡單的力學公式竟然就能準確預測天體運行，至少證明了上帝是不干預、也不能干預天體運行的。

馬克思的「價值公式」也有其封閉的討論前提，那就是「價值守恆」——價值不會憑空掉下來，也不會憑空消失，多出來的價值必定有其來處，少掉的價值也必定有其去處，這是馬克思所訂定的前提。

一顆幾乎沒有任何價值的石頭被雕刻成美觀的維納斯雕像，便取得了價值，不管這價值是藝術性的還是實用性的，都是來自雕刻工匠的勞動力。所以維納斯雕像的價值減掉近乎於零的石頭原始價值，就是工匠勞動力的價值。

一顆石頭原本是個自然物，到了勞動者手中就成了勞動原料。勞動者在其上增附勞動力，便創造出勞動成品。很顯然的，勞動成品的價值來自勞動者。任何一樣東西從原本較低的價值變成具有較高的價值，表示中間被加入了某種元素或成分。反之，一樣東西從高價變成低價，就表示中間被拿掉了某種元素或成分。沒有價值會憑空產生，也沒有價值會憑空消失。

馬克思試圖將整本《資本論》建構在這個簡單的公式上。以這個公式掌握價值來源和價值變動，進而掌握經濟生活的意義。這個公式牽涉到人的行爲，當然沒辦法像牛頓的第一、第二定律那麼乾淨純粹。然而馬克思的確在全書中用心說明、詮釋、試探、檢驗他所提出的這項「價值公式」，而《資本論》的內容就在建構並擴張此一「價值公式」。

這是馬克思的科學面，這是他自我規範的「科學精神」。

「交換價值」vs.「使用價值」

馬克思的經濟論理是「失樂園」式的。他假定早於一切經濟活動產生之前，有一個絕對的理想狀態，在這種狀態下，人類生活中的任何東西都是獨特、唯一、無法也不該被共量衡量、更不能被交換的。每一樣東西都有其自身價值，只能以其自身的單位來衡量，因而也就不存在「等值交換」這件事。要進行「等值交換」，必須假設兩樣或更多東西之間可以共用一套價值，才能衡量它們是否「等值」。

一本書和一頓飯，如何共量衡量？一雙鞋和一場電影，如何共量衡量？一片海景和一場散步，能夠共量衡量嗎？然而人類的經濟生活，就是源自硬要將這些非共量的東西納入交換體系，因此必須找到一種主觀方式，將如此多元的物體、現象、服務，乃至感情量化處理。

對馬克思而言，這不是自然的，更不是天經地義的，而是代表人類從原始狀態墮落到了交換關係中。本來不該被量化的東西都被量化了，每一樣東西除了自身具備的價值之外，又在交換過程中取得了共量性的「交換價值」。下一步更不可復返的墮落，是用金錢貨幣來整合「交換價值」，讓所有的「交換價值」都在金錢之下同時標示出價值高低與倍數，以便交換更爲容易，將每樣東西都置入單一的共量性中，使人遺忘了原初那不可異化、不可量化的根本價值。

「交換價值」凌駕原本的內在價值，進而喧賓奪主地放逐了內在價值。馬克思同意：就像人回不到伊甸園一樣，我們也回不到那個理想的未異化狀態。他承認人的現實是異化後的狀態，因此必須找出一種方式來分析異化後的現況。

金錢貨幣出現後的現況：人的經濟行爲基本上就是一連串環繞著「交換」而來的連鎖活動。我們將所有的東西都視爲可交換的商品，透過金錢貨幣的中介，定義出它們的「交換價值」，再將商品換成金錢貨幣，然後再用手上的金錢貨幣去交換等值的另一項商品。一切就在「商品——金錢——商品——金錢……」的過程中不斷循環。

交換如何成立？首要條件是必須具有相等的「交換價值」，麵包具有一百塊的交換價值，可換來一百塊的金錢貨幣，然後再拿這一百塊的金錢貨幣換一瓶葡萄酒。一百塊的麵包和一百塊的葡萄酒具有同樣的「交換價值」，這很容易了解。

但馬克思提醒我們，光是這樣的條件並不足以構成交換行爲，還有另一項條件也必須同時存在，那是兩種物品之間要有不等的「使用價值」。在什麼情況下，你願意拿一百塊的麵包去換一百塊的葡萄酒？一定是葡萄酒的「使用價值」在你心目中高於麵包的「使用價值」，你需要葡萄酒的程度超過麵包，才會拿麵包去換葡萄酒。反之，什麼人會拿葡萄酒去換麵包？一定是需要麵包超過需要葡萄酒的人。

兩個肚子餓想吃麵包的人，一個手上有一百塊的麵包，一個手上有一百塊的葡萄酒，他們之間不會形成交換活動。有麵包的不會願意拿麵包換葡萄酒，儘管表面上，這兩樣東西的「交換價值」是一樣的。

所以光看「交換價值」，是無法眞正理解交易的。弔詭的是，交易要能成立，「交換價值」一定不等於「使用價值」。手中麵包的「使用價值」低於一百塊時，有麵包的人才會心甘情願拿麵包去換一百塊，再用這一百塊去跟人家買對他而言「使用價值」等於一百塊的葡萄酒。而會心甘情願以一百塊把葡萄酒賣給他的人，必定是因爲葡萄酒對他的「使用價值」低於一百塊。

麵包在麵包店裡，對店主來說並沒有「使用價值」。他不需要吃那麼多麵包，也吃不了那麼多麵包。於是麵包被任何一個顧客買走，立刻就增加了「使用價值」；顧客一定是爲了要吃麵包才買的。同理，酒窖裡堆得滿滿的葡萄酒也沒有「使用價值」，要被買走了離開酒窖，才會產生「使用價值」。

從亞當．斯密或李嘉圖的理論上來看，這就是交易和市場的優點：交易創造「使用價值」。貨品從不使用、不需要的人手裡，被換到要使用、有需求的人手裡，提高了「使用價值」。表面的等值交換，讓實質上牽涉其中的人都獲得了較高的「使用價值」。經濟活動愈頻繁，就增添愈多整體的「使用價值」。

但馬克思不是亞當．斯密，不是李嘉圖。他看到的不只是交易產生的價值效應，更在意這交易過程中目的與手段的錯亂。

什麼導致了「窮得只剩下錢」？

很清楚的，在交易的過程中，物品是目的，金錢貨幣是中介協助的手段。我需要葡萄酒超過於需要麵包，所以把麵包賣掉，買來葡萄酒，這是交易的核心意義。如果人類的經濟活動，都是拿對我而言「使用價值」較低的麵包去換「使用價值」較高的葡萄酒，那是合理的，用馬克思《資本論》中的公式來表達是WGW：商品——金錢——商品，W代表商品，G代表金錢貨幣。但馬克思發現，我們也都很明白，經濟活動中有很大一部分不是這種正常的WGW，而是倒過來的GWG，金錢——商品——金錢。

GWG指的是用錢買一樣東西，再把這樣東西賣出去，交易買賣不是爲了使用這項東西，中間不牽涉到「使用價值」。最典型的GWG活動，就是臺灣的房屋投資客。他們不是爲了居住而買屋，他們買來的房子從來不住，純粹是爲了轉手換錢而買。他們不考慮這房子對自己的「使用價值」，只著眼於房子轉手賣出去的「交換價值」。絕大部分投資客投資買的房子，和他自己居住的房子天差地別，他會買很多自己根本不想住的房子作爲投資標的。

雖然《資本論》裡沒有直接出現「異化」這個詞，但馬克思在第一章中就先討論GWG，GWG其實就是「異化」，也就是手段和目的的錯亂，手段倒過來宰制了目的。原本中介的工具——金錢貨幣，反而變成了目的，交易不再是爲了創造「使用價值」，而是爲了累積金錢貨幣。

點出GWG的問題，馬克思所看到的經濟活動當然就不像亞當·斯密、李嘉圖他們所看到的那麼正面。經濟活動不見得能提高社會整體的使用效益，一部分、甚至大部分的經濟活動其實是頭上腳下，也就是爲了提高貨幣價值而進行的。在GWG的交換過程中，交易成立的前提考量，是賣出的價錢要高於買進的價錢，商品本身的「使用價值」可以完全被拋諸考量之外。在臺北房地產市場上，有多少交易就是投資客賣投資客，賣了好幾手，價格提高了許多，房子卻始終空在那裡沒人住！

ＧＷＧ始於金錢貨幣，也終於金錢貨幣。我們今天太習於市場經濟概念，覺得多賺點錢，多增加金錢財富沒有什麼不對。然而就算是以市場經濟爲主流的社會，不時還是會帶點尷尬地問：「那有了錢之後呢？」或「賺那麼多錢爲了什麼？」也會出現像「窮得只剩下錢」這種弔詭的批評。

是的，我們忘不了，無法徹底脫離原初的目的手段架構，也躲不過交易現象的本源。交易是因爲有分工，分工使得每樣東西在不同人手中有不同的「使用價值」，做麵包的不需要那麼多麵包，釀酒的不需要那麼多葡萄酒，所以應該在對彼此都有利、能增加彼此手中物品「使用價值」的條件下進行交易。

ＧＷＧ使我們脫離了交易的根本道理，讓交易變成另外一件事，爲了累積金錢貨幣而交易，自此交易的評斷標準就不再是人人相異的「使用價值」，而是統一的金錢貨幣數字。說得更直接些，人變成了爲抽象數字而交易，經濟生活變成了爲抽象數字而活。

不正常的交易關係所產生的「剩餘價值」

ＧＷＧ的扭曲，讓人誤將金錢貨幣從手段提升爲目的。本來人生眞正需要的是物品，人生的富足應該來自擁有許多對我們有用的物品。但活在目的與手段錯亂情況下的人，卻去追求擁有更多的金錢貨幣，也就連帶產生了另一層誤會——誤以爲有價值的是金錢貨幣，而不是物品。

想盡辦法賺到錢，不是爲了交換有「使用價值」的物品，而是因爲誤以爲金錢貨幣最有價值。一旦相信價值藏在金錢貨幣裡，這種人就必然選擇留住金錢貨幣。他手上有很多錢，可以換來很多物品，但他最怕的就是錢從手中流出去。於是他很有錢，卻不買對自己有用的商品，成了守財奴。

這種守財奴與商品交易勢不兩立。他最在意的是手上有多少錢，以爲銀行戶頭裡的數字多寡勝於一切。你跟他說：「辛苦一天賺了好多錢，去買張票看場電影或聽場音樂會吧！」他不會問你要看什麼電影，或音樂會好不好聽，只會想到看電影或聽音樂會立刻使他的財富減少幾百塊。這種人的基本選擇是盡可能減少手中貨幣的流出，也就盡量減少他和商品之間的關係，好把錢財留住。

還有一種人，行爲表面上和守財奴徹底相反。他會積極地將錢拿出去進行頻繁的商品交換，但換來的都不是對自己有「使用價值」的東西，而是爲了將它們再賣出去，好換來更多錢。骨子裡，這種人和守財奴一樣，都不在意物品、不在意使用，只在意金錢貨幣。

GWG的「異化」交易中，前面的公式關係是$G_1 = W$，用錢買到等值的商品。但後面的公式卻是$W < G_2$，意味著賣出商品的價格會高於原來買進的價格，不然他幹麼要做這件事？

從買進到賣出，商品W沒有改變，但是G_2卻大於G_1，換句話說，W本身並沒有發生任何變化，但純粹在買賣過程中，其「交換價值」竟然就增加了。馬克思將G_2和G_1之間的差距稱爲「剩餘價值」，表示那是因爲在GWG的不正常關係中才產生的不正常價值差異。

正常的WGW關係中，商品W_1的「交換價值」等於G，後面的商品W_2的「交換價值」也等於G。這樣的交易並沒有增加「交換價值」，爲什麼能成立？因爲對行爲的主體而言，W_2的「使用價值」高於W_1，他可以在交易中獲得較高的「使用價值」。

不正常的GWG關係中，只有一個商品W，它的「使用價值」不變，「交換價值」卻前後不等——後高於前。寫成公式的話是G_1＝W，W＝G_2，去掉兩等式中的W，得到的是什麼？G_1＝G_2。但G_2明明就大於G_1啊！

一樣東西用一百元買來，在我手上停留一陣子，從來沒有用，也從來沒有改變，然後再以一百零五元賣出去。這樣的現象我們視爲理所當然，認爲生意的本質就是如此。但套入馬克思的價值公式裡，卻會得到「100＝105」的荒謬結論！

100絕不可能等於105。所以對馬克思而言，這中間的差距5必須有個合理的解釋。我們只能回到W——商品——身上來解釋這多出來的5。一種比較簡單的解釋是時間：之前的W和之後的W並不是眞正沒改變，因爲時間改變了，狀態改變了，所以需求也跟著改變了。買進時，W的整體需求沒那麼高；但賣出時，W的整體需求提高了，因而造成G_2大於G_1的結果。也就是說，W沒改變，但管轄W的需求程度的因素隨時間而改變了。

這就是市場經濟學的解釋。馬克思讀過亞當．斯密，也讀過李嘉圖和馬爾薩斯，對這些當代經濟學有一定程度的涉獵，所以他了解、也承認這種時間所造成的變化。更進一步地，他也了解金錢介入所產生的影響。我們可以用原本的低價大量收購某種商品，待市場上的匱乏將需求與價格一併推高，再以高價售出。這種「囤積居奇」，就是金錢介入所產生的「商品資本主義」的效果。

馬克思並沒有否認這項解釋。但他從當時英國的工業發展觀察到另一種現象，並認爲這現象比「商業資本主義」更重要。他對「工業資本主義」的描述，便是源自於此。

勞資雙方之間的不平等交易

馬克思所看到的，是工業狀態下商品W的改變。工業資本家付出G_1買進W時，是以分散的方式買的。例如十塊錢的商品可被分成五個部分，每個部分值兩塊錢，加總起來，工業資本家總共付了十塊錢。其中兩塊買原料，兩塊付地租，兩塊分攤工廠建造費用，兩塊分攤機器價格，兩塊購買勞動力，五個元素加在一起，產出了價值十塊錢的商品。

工業家付了十塊錢買進這商品，但當然不是買給自己用的，而是要拿到市場上販賣，而他賣出的價錢一定得高於十塊錢。所以這就是典型的GWG活動，後面的G_2高於前面的G_1。那麼其中的價差，也就是G_2比G_1多出來的數額，是從哪裡來的？

在整個GWG的過程，原料價值不會變，地租價值不會變，而工廠建造費用和機器價格是早就支付了的，更不會變；那麼會變的是什麼？顯然是最後剩下來的那個因素——勞動力。

馬克思以這種方式，解釋了爲什麼工業生產中G_2減掉G_1的「剩餘價值」來自勞動力。他所看到的，是從生產到消費過程中，勞動力這個因素以較低價格買進，卻又以較高價格賣出，才會出現了G_2和G_1不相等的情況。

《資本論》一書中只提及這個結論。如果要更清楚馬克思的理論，我們應該參看《政治經濟學批判大綱》。這是馬克思的著作中最晚出版的一本，遲至一九三九年到一九四一年間才陸續由蘇聯的「馬克思——恩格斯研究所」出版。這是一本馬克思未能完成的政治經濟學手稿，雖然其創作時間和《資本論》重疊，討論的範圍卻遠超過《資本論》。

《大綱》中說明了爲什麼在GWG的過程中，只有勞動力是唯一會變動增值的。第一項理由是：勞動力和勞動者無法分割。我們討論的是現代工廠制度，不涉及奴隸制，所以資本家購買的是勞動力，而非勞動者。但勞動力依附在勞動者身上，兩者無法徹底分離。資本家購買勞動者一天約十個小時的勞動力，但他所付出的價錢不可能眞正等同於勞動者養成這些勞動力所需的成本。

一個人要成爲勞動者，先得從小長到大，還得接受基本的教育訓練。即便那個時代運用童工相當普遍，十二歲的童工也還是得先活了十二年，才能成爲勞動力的提供者。然而勞動者形成勞動力這種過程漫長的成本，卻不可能轉嫁到雇主身上。雇主雇用一個十二歲的童工，買的只是他十二歲之後的勞動時間，不會管他十二歲之前是如何長大的，以及他是如何養成了十二歲之後的勞動力的。

換句話說，從商品角度來看，提供自身勞動力作爲商品的勞動者，幾乎毫無例外一定是虧本的。勞動者最大的成本，不是他作爲一個十二歲小孩的生活所需，而是他能夠長大到十二歲已經耗費掉的。

以臺灣中產家庭爲例，養大一個小孩，到他能夠從學校畢業進入職場，要花多少錢？平均差不多要花一千萬左右吧！純粹從勞動力角度來看，這樣一個孩子畢了業去上班，可以領多少薪水？22K，兩萬多塊，了不起三萬塊吧。三萬塊能讓他勉強應付自己的生活，但是之前成長、受教育所花掉的一千萬成本呢？每個月三萬，一年三十六萬，和一千萬成本相比未免也太不成比例了吧！

勞動者面對資本家雇主時最不利的一點，就是你已經成爲一個勞動者。你已經花了一千萬讓自己變成一個勞動者，對你而言，能夠想像的最大損失是什麼？無論是作爲人或作爲勞動者，最大的損失一定是得不到賴以活下去的資源，導致你連從勞動當中將成爲勞動者所花費的成本換回來的機會都沒有。

成爲勞動者之前的巨大投資，現在成了你和雇主談判時擺脫不掉的包袱。你和雇主都明白出賣勞動力的底線在哪裡：這條底線就是你的勞動力再生產所需。用大白話說，就是讓你能活到明天的基本需求。

應徵工作時，你已經先陷入了不利的地位。勞動者不清楚老闆究竟有多需要勞動力，老闆卻很清楚勞動者有多需要工資。老闆牢牢掌握勞動者的底線，勞動者卻不可能同樣明白老闆的底線。

勞動力的價值有兩種不同的計算方式。一種是計算勞動力所創造出來的總價值：一個勞動者一天處理一百斤棉花，紡成棉紗，棉花以二十塊買進，棉紗以二十五塊賣出，那就表示他的勞動力創造了五塊的商品價值。這是個既簡單又合理的算法。

另一種算法，是計算這個勞動者為今天這些工作的付出後需要吃什麼、喝什麼、休息多久，明天才能再次回到工廠繼續處理另外一百斤棉花。看的不是他創造了多少商品價值，而是他的勞動力再生所需耗費的成本。

這兩種算法的結果截然不同。當後面一種算法的結果低於前面一種算法時，就出現了資本家獲利的機會。他提供勞動者後面的成本，換來勞動者所創造的商品價值。他可以只花兩塊錢工資，讓這個工人吃麵包喝白開水睡一張破床，工人就願意為他處理一百斤棉花，帶來五塊錢的商品價值。

他知道工人會接受這樣的不等價交易。因為如果掙不到這兩塊錢，工人就無法活下去。這將是更大、更無法承受的損失。

ＧＷＧ過程中所出現的價差，就是在資本家和勞動者的不平等交易關係中產生的。藉由這種方式，勞動者所創造的商品價值，才會轉而變成資本家口袋裡的利潤。

資本主義的基礎其實是工人

當資本家和勞動者這種不平等交易關係成立，資本家能夠以這種方式賺取勞動力的「剩餘價值」時，我們就進入了「資本主義階段」。這是馬克思在《資本論》中所揭示的歷史觀。

金錢貨幣存在了幾千年，「資本」卻是個新鮮的社會現象。在新的社會關係中，傳統的金錢才轉身變成了「資本」。在ＧＷＧ的過程中，我用錢買來勞動力，再將勞動力的成果賣出，得以賺取其中的「剩餘價值」。但勞動力所創造出來的商品價值，最後卻沒有回到提供勞動力的勞動者身上，而是由出錢的人拿走，於是這筆錢就變成了「資本」。

這仍然是金錢買賣交易。然而在新的社會關係下，買賣有了新的利益來源。不是來自原料，不是來自地租，也不是來自廠房機器，利益只會來自勞動力的價差。勞動力創造商品價值，但取走勞動者所創造出來的大部分商品價值的並不是勞動者自己，而是出錢的資本家。

馬克思的「資本」、「資本主義」、「資本主義時期」是如此定義的，我們也就很容易理解：儘管名曰「資本」，這個新歷史階段是建立在資本與勞動者的社會關係上，其關鍵在於工廠與工人之間的勞動關係。工人和資本家同等重要，甚至更加重要。

沒有為這種勞動關係所束縛的工人，就沒有「資本主義」；沒有工人所提供的「剩餘價值」，金錢就不會變成「資本」，就不會有「資本主義」，也不會有「資本主義時期」。

到這裡，我們回頭讀一讀《共產主義宣言》，看看其中對於工人與工人革命的激情號召，以及工人革命必勝的預言，就不會覺得那麼突兀了。

這不是一套基於主觀階級意識，甚至階級仇恨的教條，背後其實有著細膩的道理。工人創造了一個新的時代，並不是基於工人們的主觀動機，而是工廠制度對工人勞動力的剝削使得資本利得成爲可能，將金錢轉化成資本。

關鍵在於工人，以及以工人爲核心的勞動關係。這個以「資本」命名的時代，其實是因爲工人與工廠勞動力才成爲可能的。但工人被壓在底下，高高在上的資本家奪走了工人所創造出來的利益，也奪走了工人所創造出的時代主導權。

如果這樣的情況是不正常、不公義的，那麼要改變這樣的時代，就必須先改變這樣的結構，也就是改變工人與資本、資本家之間的關係。沒有了不公平的剝削，就不會有資本利得，金錢就能還原其作爲手段、在生活裡作爲中介價值的工具本質。

資本是金錢貨幣的「異化」。原本僅是手段的金錢過度膨脹，不再仲介商品交換，奪得了操控商品，並進一步操控商品背後勞動力的不合理權力，搶走了工人的「剩餘價值」，只創造資本本身的利益。

在「資本主義時代」裡，最耀眼的是趾高氣昂的資本家，但他們卻得仰賴工人才能存在。沒有工人，就沒有資本，更不會有資本家。《資本論》從「商品」開始談起，接著轉入關於工人與工廠制度的討論，檢證勞動生產力、勞動強度、工作日與工資等，證明工人才是資本主義的基礎。

十九世紀的歐洲經歷了翻天覆地的變化。每個人都感受到這巨變，也都感受到一股非得定義與理解這巨變不可的壓力。馬克思也找到了一種描述與理解這巨變的方法。和其他人一樣，他看到了過去臣服於貴族體制下的中產階級，在法國大革命後快速竄升，在短短幾十年內便晉升社會頂層的領導地位，化身為風光的資本家。但他並不滿足於以資本家的價值觀來描述那個時代的視點，他要挖得更深一點，挖出在資本家風光的外表底下，還有著黑暗工廠裡的工人，並試著在心理上、概念上、修辭上將工人描寫成這個時代眞正的主人。他們以血汗創造了這個時代，卻被遮蔽於歷史的陰影之下。

第四章

資本主義社會中的剝削與操控

馬克思針對工人階級寫出了一套理論基礎，
期望能在工人階級的心中建立一套
屬於工人階級的公平正義理念，
使他們不必再拿資本家的說法
來自我矮化、自我傷害。

列寧與華勒斯坦對馬克思理論的擴充

根據馬克思所留下來的書信文件，我們可以清楚將《資本論》的寫作源頭追溯到一八四五年。那年他和出版社簽了一份合約，準備出版一本名爲《政治與經濟批判》（*Zur Kritik der politischen Ökonomie*）的書。從那年一直到他於一八八七年去世，馬克思和家人、朋友、出版商通信時，經常預告：「那本《批判》的書快要完成了！」

四十多年來都聲稱「快要完成」，卻遲遲沒有眞正交稿。我們不能指責馬克思偷懶不認眞，也不能指責他唬弄說謊，因爲有很多證據證明他的確曾爲這本書做過一番研究、思考與寫作，也曾多次準備將部分原稿交出去。

努力寫作，卻一直沒有把書寫出來，原因之一是馬克思不只是個研究者、寫作者，同時也是個歐洲革命混亂時代中的行動者。簽約之後沒多久便爆發的「一八四八年革命」（註一），對他和全歐洲知識分子都是個巨大的衝擊。馬克思開始組織「共產國際」（註二）的革命行動，這當然會耗掉他許多時間與精力。

此外，馬克思最早從事的行業是新聞記者。若要問他曾接受過什麼樣的職業訓練，那就是新聞記者的訓練。他得觀察現實，對新聞事件做出即時反應並撰寫報導，這又耗掉了他剩餘的時間與精力。更重要的，不論是

註一：一八四八年革命：一八四八年二月，法國爆發推翻國王路易・菲利普一世，建立第二法蘭西共和國的革命後，革命浪潮席捲全歐，於三月蔓延至包括奧地利帝國在內的日耳曼邦聯的各邦，引發一系列反對封建專制政府、實施立憲制度的示威與武裝抗爭。曾於二月參與法國革命的馬克思亦於此時與恩格斯返回德國，號召無產階級舉事，並於六月創立《新萊茵報》聲援歐洲各國的革命運動。後來各地革命於七月中旬被以普魯士軍為主的軍隊陸續鎮壓，翌年馬克思遭普魯士政府驅離出境，被迫流亡倫敦。

註二：共產國際：全名爲「國際工人聯合會」（International Workingmen's Association），亦簡稱「國際」（International），一八六四年由英法德義四國工人代表在倫敦開會成立，馬克思代表德國工人參加該組織。一八七一年，法國支部參加並領導了巴黎公社起義，但隨著巴黎公社的失敗，組織日漸式微，後於一八七六年正式解散。史稱「第一國際」。「第二國際」爲一八八九年於巴黎成立的「社會主義國際」，「第三國際」則爲一九一九年由蘇共於莫斯科成立的「共產國際」。

革命行動或現實批判，這些經驗都會直接影響他對歐洲、乃至世界政治經濟的看法，迫使他一再調整原本打算寫進書裡的內容。

他總是無法以簡單的概念或語言陳述自己極其複雜的思想，也總是感覺對表面現象的挖掘還不夠深入、敘述得還不夠完整。《資本論》的成書過程，或許能提醒我們一種看待這本書的角度——這是一個聰明且複雜的腦袋花了四十多年發展出來的一套體系。起初或許只有幾個核心概念，但它們在漫長的時間中不斷擴張發展。因而找出這幾個核心概念，對理解《資本論》龐雜的完整內容大有助益。

第一個核心概念是前文解釋過的「資本」與「資本主義」，第二個是「工資勞動」（wage labour），第三個是「土地私有制」，第四個是「國家」，第五個是「國際貿易」，第六個則是「世界經濟」。這六個主要觀念，從一八四五年到一八八七年一直在馬克思的腦海裡盤旋不去。

到他去世爲止，馬克思基本上完成了關於「資本」和「工資勞動」兩大部分的探索與解析。然而對「土地私有制」，他就沒有時間做同樣充分的處理了。馬克思主張：資本主義社會由三個階級的人所組成：資本家、工人和地主。分析了資本家和工人，理所當然也要分析地主，尤其是地主賴以存在的社會制度——「土地私有制」，然而光是這件事，馬克思就沒有時間完成，只留下一些片段的思考紀錄。

馬克思活在十九世紀的歐洲，那是個民族國家尚未成形的時代。當時的歐洲人還不具備二十世紀之後被視爲理所當然的國家觀念，因而能有超越國家的視野，國家對他們的意義，也不像對後人那麼固定、必然。

針對資本、工人、土地私有制的相關議論是馬克思的「經濟批判」，國家則是他連結「經濟批判」與「政治批判」的關鍵環節。他要從「經濟批判」的角度，對當時多變的國家觀念提出新的描述與定義，然後再以國家爲基礎，進一步討論國際貿易與世界市場。

馬克思經常在著作中提到國際貿易的重要性。畢竟促成英國快速工業化，薪資工人取代計件工匠的一大主要力量，就是英國紡織品的海外市場。歐洲的資本主義化，是在國際貿易的條件下開展的。

不過，馬克思也來不及將他對國際貿易與世界市場的想法說個明白。在這方面，列寧提供了對馬克思理論的重要補充。馬克思主義在蘇聯成了「馬列主義」，列寧的貢獻主要在兩方面：一方面是革命理論，尤其是「不斷革命論」，確立了「無產階級專政」過程中共產黨的角色與功能；另一方面就是解釋了帝國主義與資本主義之間的關係。

列寧的說法是：「帝國主義是資本主義發展的最高階段」。資本主義的生產方式創造出相應的「上層結構」，連國家和政府都被改造爲配合這套生產方式的機制。國家的目的被改造爲替資本及資本家的利益服務，以國家的力量爲國內資本尋求更廉價的勞動力，以及更廣大的市場，這樣的方向就構成了「帝國主義」。換句話說，資本主義邏輯擴張到國家、國際貿易的層級，就成了「帝國主義」的動能。

這是列寧對於馬克思國家、國際貿易理論的重要補充。至於世界市場的部分，則要再等到半個多世紀後的一九七〇年代，華勒斯坦（註）（Immanuel Wallerstein）提出了他的「世界體系」理論，按照資本市場的分工角色與權力宰制，將世界分爲多層的「中心——邊緣」體系，才算讓馬克思所開啓的世界市場討論有了一個較完整的呈現。此時距離《資本論》問世及馬克思去世，已有將近一百年了。

我們無從測知，如果馬克思活得夠久，得以繼續發展國家、國際貿易與世界市場的理論，他的說法將與列寧及華勒斯坦的主張有多大差距。不過我們可以從智識上清楚推論，列寧和華勒斯坦的理論的確都認眞地以馬克思所提出的資本、資本主義觀念前提爲出發點，對應他們當時所看到（而馬克思來不及看到）的現實做了歸納和推演。換句話說，列寧與華勒斯坦確實都是馬克思理論的後繼推展者。

註：華勒斯坦（Immanuel Wallerstein，一九三〇—），美國社會學家、史學家、經濟學家與政治學家，爲「世界體系」理論的主要代表人物和當代社會科學多學科綜合研究的倡導者。曾於二〇〇〇年獲美國社會學學會票選爲二十世紀美國最偉大的社會學家。著有《現代世界體系》、《不確定的知識》、《已知世界的終結：二十一世紀的社會科學》等著作多數。

資本家熱中追求資本利得，是資本主義近乎盲目的動力，因此資本不會看不到在歐洲之外，存在著更有利的勞動與市場條件。尤其是以殖民地形式統治的區域，能夠提供更廉價、更接近勞動力再生產底價的勞動力，也能夠提供幾乎沒有競爭對手的市場。資本與資本家當然就會驅動他們所控制的國家機器去開發這些利益，這是列寧對「帝國主義」的基本看法。

華勒斯坦則是將馬克思對工業化社會中無產者與資本家的兩極分化描述，運用在整體工業化的世界體系上。在這個體系裡最耀眼也最礙眼的現象，也是這種兩極分化。有些國家或地區成了剝削者，其他國家或地區則成了無奈的被剝削者。利益不斷從後面的「邊緣」被吸入前面的「核心」，造成愈來愈不平等的差距。

這些都是對馬克思思想的重要擴充，也都能幫助我們理解馬克思原本的思想架構何其龐大、何其複雜。

仰賴「馬克思主義者」填補的思想地圖

雖然馬克思訂出了六大討論方向，但在《資本論》中，他只來得及對資本和工資勞動做出詳細討論。他曾試圖在《資本論》之外寫出一個更全面的導論，但一直沒能完成，也無法編入正式出版的《資本論》中，那就是遲至馬克思去世半世紀後才得以見天日的手稿《政治經濟學批判大綱》。

《資本論》從「商品」開始寫起，到了第三章開始討論「剩餘價值」，馬克思認定這個概念極其重要，就在原本的書稿之外另行寫了一份筆記，對「剩餘價值」做了一番徹底的全盤思考；這份筆記一寫就是三千頁。我們今天看到的《資本論》第三章所談的「剩餘價值」、「相對剩餘價值」、「絕對剩餘價值」等等，其實不過是一個再簡化不過的摘要罷了。

後來，馬克思的重要理論後繼者考茨基（註）將這龐大的三千頁手稿做了一番整理，以馬克思遺著的形式出版了《剩餘價值理論》（*Theorien über den Mehrwert*）。這本書有時也被視爲《資本論》第四冊，這就是爲什麼對於《資本論》究竟是三冊還是四冊，會有不同說法的原因。

這樣的過程讓我們明白，馬克思的思想體系龐大到連他自己也無法完成，甚至無法整理。這是他的一大缺點，卻弔詭地成了他理論之所以吸引人的一大優點。他提出了許多問題，卻沒有來得及給出完整的答案。如果他所提出的問題都有了完整的答案，馬克思思想恐怕就不會在後世造成那麼大的影響了。他刺激了許多人沿著他的道路議論、爭辯，而且留下了很大的空間供後繼者盡情發揮，開闢出許多馬克思生前僅簡單畫在思想地圖上，卻來不及親身探查的疆土。

因此，馬克思和後繼擴展他理論的「馬克思主義者」極難劃分。馬克思自己所設計的龐大計畫，具體內容必須靠「馬克思主義者」來塡補。早在馬克思生前，「馬克思主義」就已經不是馬克思自己所能夠掌控的了。

所以馬克思才會語帶遺憾地自嘲：「我不是個馬克思主義者。」這是個兩難。如果光看馬克思自己的著作，中間有太多缺漏，有更多讓人不安的揣測與倉促結論，顯然不是個可以完整說服人的體系。加上「馬克思主義者」後來的補充說明，才得以讓我們更清楚地看出這套體系的內在連結，感受到這套體系的世界觀所帶來的衝擊。然而，看多了「馬克思主義者」對於馬克思思想的演繹，又往往會看到許多彼此矛盾、衝突的說法，混淆了我們對於馬克思體系的認知。若是把所有自稱「馬克思主義者」的言談理論都蒐集起來，我們就再也分不清究竟馬克思主義是要幹什麼了。

註：考茨基（Karl Kautsky，一八五四—一九三八）：德國馬克思主義理論家兼哲學家、活動家。生於今捷克布拉格，一八八五年前往倫敦，與恩格斯結爲好友。一八九一年前往德國，後來成爲德國社會民主黨核心人物。於恩格斯一八九五年歿後接手整理馬克思遺稿，被視爲馬克思主義理論的正統繼承人。一九二二到一九二四年曾短暫於威瑪共和擔任要職。晚年爲躲避納粹迫害離開德國，最終於貧困中客死阿姆斯特丹。除了被視爲《資本論》第四卷的《剩餘價值理論》，尚著有《資本論解說》、《馬克思．恩格斯評傳》、《帝國主義論》、《基督教的起源》、《唯物論史觀》等著作多數。

我的建議是：先從馬克思自身的著作中，找出幾個關鍵的概念與名詞，確認我們對這幾個概念與名詞有了充分的把握，再以此爲基礎來檢視眾「馬克思主義者」的說法，就比較容易做出正確的判斷，從中找出眞正在發展、詮釋馬克思思想者，排除其他來自作者個人或其時代、社會的偏見雜質。

市場經濟學的「供需」vs. 馬克思經濟學的「剝削」

有幾個概念和名詞，可以提供我們辨識眾馬克思主義者和馬克思的距離。

第一個是「剝削」（appropriation），意指不屬於你的東西被你占爲己有。馬克思使用這個字時，還指涉更深的意涵。馬克思是從被剝削者的角度來理解「剝削」的。一個人所得到的少於他所應得的，那麼這中間一定存在著「剝削」，代表有一部分應屬於他的，被其他人不當地取走了。

馬克思最關心的是勞動成果。倘若勞動者生產的勞動成果，有一部分或全部不屬於他，這就是「剝削」。馬克思經濟學必須將「剝削」納入考量，訂出一個勞動成果應得的報酬，並追究此應得報酬與實際所得之間的落差。這正是馬克思經濟學和市場經濟學最根本的差異。

對市場經濟學而言，把勞動力放在市場上，只有供需與價格，不會有「剝削」。工資是在供需關係中決定的，供給高於需求，工資就變少；需求高於供給，工資就變高。工資一直隨著供需變動，沒有一個定準，也就無從討論「剝削」。除了供需互動，別無其他標準可以判斷一個工人領的工資合不合理。

市場經濟學的邏輯是：透過供需互動，能夠找到最好、最有效率的資源運用方式。假設今天一個貪心的老闆找來一個勤奮的工人，費了一天工夫做出兩百個麵包來，老闆只給他相當於十個麵包的工資，其他多出來的都是老闆的利潤。這樣的作法合不合理？市場經濟學的答案是：不一定，要看當時當地的勞動供需才知道。

要如何知道？如果相當於十個麵包的工資是偏低的，那麼很快的，隔壁另外一家麵包店就會提出相當於十五個麵包的工資挖角，工人也自然會接受這工資跳槽。一看工人的勞動那麼有價值，對面的另一家麵包店立刻決定把工資提高到相當於五十個麵包，工人再度跳槽。可是這新東家很快又發現，鄰鎮有個同樣能幹的工人，願意以相當於三十個麵包的工資提供同樣的勞動服務，他便打算把鄰鎮的工人找來。知道這件事後，原本的工人擔心失業，便主動表示他願意改領相當於三十個麵包的工資。

工資就這樣在不同供需考量中上上下下，尋找動態平衡。我們不能說相當於十個麵包的酬勞不合理，也不能說相當於五十個麵包的酬勞不合理，只能說最終工資如果停留在相當於三十個麵包的水平上，就表示這酬勞最符合當時當地的勞動力供需條件。

從馬克思經濟學的角度來看，市場經濟學有個荒謬之處——凡是存在的就是合理的。除了市場供需系統，沒有其他標準能用來檢討市場，尤其是檢討價格。純粹從市場角度來看，即使一朵鬱金香賣到相當於一個工人一整年的收入，只要有人願意買，就沒有什麼不合理；一個工人的薪水低到他只能天天啃麵包，只要有人願意以這薪水出賣勞力，也沒有什麼不合理；因為這些都是供需互動的結果。一切由市場決定，市場是它自己的標準。

很簡單的一個現象，一個男性工作者在一個位子上做事，可以比一個同樣職位、同樣工作內容的女性工作者多領百分之十五的薪水，合不合理？從市場上來看，我們無法批評這樣的結果不合理。這不過是反映了社會上對男性工作者的需求高於女性工作者，或者反過來說，也可能反映了社會上女性工作者的供給高於男性工作者。

如果我們覺得這種狀況不合理而高喊：「同工不同酬！」來表達我們的憤慨，那就表示我們相信同工應該同酬，也就表示我們認定工作、勞動有其內在的價值，同樣的工作有著同等的內在價值，不應該獲得不同的報酬。若是如此，我們就是否定了市場經濟學的原則，肯定了馬克思式的思考。

馬克思有著根深柢固勞動基本價值的觀念。如何評斷勞動價值是個複雜的問題，馬克思也提出了許多變數互證的公式以進行勞動價值計算。然而最關鍵的，是勞動價值並不等於現實裡的工資。現實的工資如果低於勞動價值，這裡就出現了「剝削」，而剝削是個有待討論、有待解決的問題。這是馬克思的根本信念。

回到前述麵包店的例子。這個工人一天做兩百個麵包，如果麵包和麵包店的成本總共等於一百個麵包，從馬克思的角度來看，那就意味著工人創造了相當於一百個麵包的勞動價值，他應該領到的工資就該等於一百個麵包。因此如果老闆實際給他的工資低於一百個麵包，這中間就有「剝削」，就有一部分工人的勞動價值進到了老闆的口袋裡。

市場經濟學的用意是解釋工資是如何決定的，馬克思經濟學的目的卻是評斷工資的合理性，進而想辦法解決「剝削」的問題。

市場經濟學否認有「剝削」，馬克思經濟學則主張「剝削」是資本主義社會最重要的特色。

公正的「看不見的手」vs.人為的「操控」

另一個重要的檢驗概念，是「操控」（manipulation）。

從亞當．斯密開始，就將市場形容為「看不見的手」，這個比喻有其神學淵源：「看不見的手」指的是上帝的手，人有限的視力看不到，但上帝自有其智慧與邏輯，能按照其意志將一切事情安排妥當。

市場取代了上帝，為我們安排經濟事務。因此市場也就具備了和上帝一樣的奇特能力，具有高於個人意志的智慧與理性。它賦予我們一套一般人設計不來、也完成不了的人間秩序。

這種協調各方供需以獲致平衡的「看不見的手」，存在於亞當．斯密以降的眾多經濟學家心中，但是否能夠具體實現在日常生活上？至少在馬克思的眼裡，概念中的市場及市場運作，與交換及交易行爲非但不是同一回事，甚至本質上就是相互矛盾的。在現實裡，我們無法排除使得市場不自由、不平等的種種力量。

整個一八五〇年，馬克思都坐在大英博物館的圖書室裡努力讀書。他所留下的紀錄讓我們清楚知道，馬克思在那一年裡都讀了些什麼書。一年內，他讀了八十位作者的書，其中絕大部分和經濟有關；他幾乎將大英博物館收藏的亞當．斯密和李嘉圖的相關著作都讀完了。看到他曾認眞研究過他們所提出的理論分析，我們不能說他不懂亞當．斯密、不懂李嘉圖，不懂他們對於市場的看法。

他懂，但馬克思認爲他們所說的市場是神話，亞當．斯密及李嘉圖不過是神話製造者。對應他們所說的那一套市場邏輯，馬克思更堅持、也更確信自己的看法是「科學的」，其中沒有任何想像或虛構的成分。馬克思並沒有挑戰、更沒有否定亞當．斯密、李嘉圖所提出來的經濟邏輯。但對他而言，那僅僅是一套憑想像建構的經濟邏輯，並不是現實。

關鍵是，在現實中並不會有如此理想化的市場，總有各式各樣的力量摻雜其間，介入並操控市場。「操控」的本義，就是讓事物脫離原本的軌道，偏離到別的方向。我們今天累積了許多資料與知識，可以將馬克思開啓其端的想法說得更清楚明白。例如：市場運作高度依賴訊息，知道有什麼人在什麼地方、用什麼樣的價錢買什麼賣什麼，或是知道商品現在及未來會具備什麼樣的功能、發揮什麼樣的效果，會直接影響或改變我們的行爲。在交易中，每個人所能做的「理性決定」其實相當受限——一個人只能按照自己所擁有的訊息來做決定，因此不全面、不完整的訊息，當然就使人做出不完整的決定。不完整的「理性決定」豈能說是合理的？但又有誰能將所有訊息蒐集齊全再做決定呢？

就實然而論，大家進入市場都有如瞎子摸象，僅能靠著片面的理解，鼓足勇氣決定價格。沒有充分理性的條件，也就不會有亞當．斯密所說的那隻「看不見的手」。就應然而論，市場絕不可能全然理性，裡頭存在著太多人爲操控的可能性。

馬克思尤其在意應然面的問題。他的道德傾向使得他不僅看到市場實際上不理性、不平衡的一面，還要點出市場其實是一套虛假的價值體系。市場上充斥著種種誘騙與欺瞞，讓人看不清一切的眞實價值。如果我們接受亞當·斯密的說法，相信市場恆在那隻「看不見的手」的公平管理之下，只會更容易受騙上當。

《資本論》的價值理論，一方面提出衡量價值的「正確」法則，一方面戳破虛假的市場神話，讓人看清由市場決定的價值，可能爲你帶來何其不公的損失。

勞動是一切價值的來源

我們今天讀《資本論》，會感覺此書既厚重又艱難。但大家務必記得，馬克思本人始終認爲《資本論》是一本簡單通俗的教科書。爲力求淺顯易懂，他犧牲了相當的複雜度，並沒有把原來寫在筆記裡的思考都塡塞進去。

馬克思計畫將《資本論》寫成讓工人都看得懂，以喚醒他們的意識改造。所以他的寫法主要不在觀念的陳述或開展，而是在於形成策略。換句話說，許多他原本在筆記裡構思的艱澀概念，一到書中便被改寫成能有效打動工人的說法。

馬克思如此向工人解釋「勞動價值」：你應該知道自己值多少錢、自己的勞動值多少錢，但有各式各樣令人眼花撩亂的說法把你搞糊塗了；而把你搞糊塗也是這套體系操控大眾的手段之一。因此你得冷靜下來清空腦袋，讓自己回到原點，掌握簡單的基本原理。

這個基本原理就是——「勞動是一切價值的來源」。倘若沒有人勞動、沒有人生產，那麼不管在哪個領域都不可能產生有價值的成果。這是個顚撲不破的眞相，而這原理就是一支伴你在充滿鬼魅誘惑的暗夜中安心行走的火炬。馬克思教育工人以這簡單的原理去衡量價值，依靠它脫離市場價格及「交換價值」所造成的混亂，並避開他人的操控。

「勞動是一切價值的來源」，這原理簡單到近乎天眞，馬克思也知道如此簡單的原理不可能解釋一切。但他的目的，其實是爲在複雜操控下低估了自己的勞動力價值，甚至不知道自己有權了解並主張其勞動力價值的勞動者，提供一個自我衡量的機會。

馬克思告訴工人：倘若有人說你的勞動值二十元，千萬別再像以前一樣毫不考慮就聽信，先以「勞動價值說」來算算你的勞動能創出多少總值：進到你手上的原料價值，和從你手上出去的成品價值之間的價差，就是你的勞動價值。這一點都不難理解，也一點都不難計算！

麵粉、奶油、雞蛋、糖、電費……全部加起來是五十塊錢，一天的勞動做成的蛋糕共賣了一百五十塊錢，兩者的價差是一百塊錢，這一百塊錢就是你的勞動價值。然後再算算讓你這個勞動者能活下去，明天還能完整地回到工作崗位上，又得花多少錢？將飯錢、房租、衣服……加總起來，平均一天要十塊錢。這十塊錢就是你的勞動力再生產成本。

假設你一天工作十小時能產出一百塊錢的勞動價值，那麼我們就知道：實質上你只需要工作一小時，就足以創造出自己所需的勞動力再生產成本。於是那多出來的九十塊，或者說九個小時的勞動力，就是「剩餘價值」，也就是你能被剝削的價值。

這道理很簡單，簡單到做老闆的不管有沒有學過經濟學都會嘲笑你。老闆會對你說：生產或做生意不需要房租嗎？不需要資金嗎？不需要管理嗎？這些你都不懂、都沒算進去，只算自己的勞動力貢獻，就說我剝削你，這樣有道理嗎？

不能說老闆講得全無道理。沒關係，我們可以再回到馬克思單純天真的「勞動價值說」，將老闆所說的這些加進勞動成本中再算一次。你將會發現，就算將房租、資金、管理全都納入考量，加加減減算出來的勞動價值和工人眞正領到的薪水，總還是有一定的落差。

這證明了馬克思那單純、天眞的勞動價值理論還眞沒那麼容易被推翻，還眞是個不容被忽略的解釋。你不必全盤接受這套「勞動價值說」，但你不得不對如此算出的落差提出解釋。

爲什麼勞動者會在被剝削的狀態下進行勞動？其中一個理由源自勞動市場中「操控」的力量。沿用馬克思對「操控」的概念，我們可以清楚看出，市場經濟學本身就是對市場的一股強大操控力量。從表面觀之，市場經濟學解釋了市場運作的原則，但市場經濟學最明顯的作用之一，其實是讓勞動者接受這種被剝削的生產關係，以爲這種狀態是應該的、有道理的。

關於這點，只要看一件事就能發現：每當牽扯到該如何計算工資時，絕大多數的老闆都立刻成了市場經濟學的信徒。絕大部分老闆不會接受以勞工所創造的商品價值來計算工資，也不贊成「基本工資」的概念，更不支持政府提高「基本工資」的政策。他們通常都是從「讓市場決定價格」的立場來提出反對意見的。

一牽涉到利益，一群人便會傾向擁抱同樣的信仰，這種現象値得我們小心觀察。人們相信什麼或不相信什麼，並不是隨機或偶然的。看看西方近代宗教史，新教運動在十六世紀正式興起，展開了對天主教會的猛烈攻擊，迅速地在今天的德國建立了穩固的基礎。除了在德國，法國南部也出現了眾多的新教徒，接著低地區的荷蘭、比利時與瑞士也迅速改宗，投入新教的懷抱。然而在此同時，義大利、西班牙與法國的中心主流依然堅持傳統的天主教信仰，他們非但沒有改變，反而變得更加堅定，與新教展開了激烈的鬥爭。

宗教信仰不是隨機決定哪幾個數字中獎、哪幾個數字槓龜的樂透。不同的生活型態及不同的團體利益，影響一個地區、一個團體或一群人的信仰決定。老闆們都相信市場經濟學，因爲市場經濟學最符合他們的生活型態所需，也最能照顧到他們的團體利益。

以馬克思經濟學作爲對照，將會發現市場經濟學的最大特色，就是假定老闆與勞動者之間的階級差異是不存在的，或老闆與勞動者之間的階級差異是自然的、必然的，既不需要任何討論，也不需要任何調整。階級差異不是個可以改變、應該改變的人爲現象。

從工人的角度出發的經濟活動分析

找出操控者的價值本源後，馬克思不僅點出了「操控」存在的事實，也認眞議論該如何消除「操控」。

馬克思提醒我們「操控」的原因與結果一直在交互循環中持續增強，因此產生了如此強大的「操控」效果。就「階級」這件事來看，「操控」製造了階級差異，但如果將階級差異赤裸裸地擺在所有人眼前，必然會刺激大家試圖縮短、乃至消滅階級差異，那麼階級差異及階級差異藉由「操控」所帶來的利益便將消失。因此，讓階級差異繼續存在，並持續發揮作用的前提，就是別讓大家看出階級差異的存在。

在臺灣、美國及全世界許多地方，「階級」與「階級差異」聽起來相當刺耳。「階級」這個字眼讓人聯想到「階級鬥爭」、共產黨、暴力的批鬥大會，或血腥的整肅運動。但在馬克思那時代，「階級」可是一個用以觀察、描述社會與經濟行爲的新興工具，並不帶有那麼多複雜的牽扯。

回到原點上看，「階級」指的是人類生產分工中出現的垂直劃分。生產過程中有水平分工，也會有垂直分工。蓋一棟房子時你打石頭、他砌磚，這是水平分工。但就在你打石頭、他砌磚的同時，還有工頭負責指揮石材什麼時候進場施作，泥水工又該在何時到何處砌磚。工頭與石匠、泥水工的關係，便是垂直分工。

在第一線執行生產的人，和以其他方式間接參與生產的人構成垂直分工，也依照他們不同的生產身分形成不同的「階級」。你介入生產活動的方式決定了你的「階級」，而你的「階級」也回過頭來影響你看待生產活動的角度。不同階級的人對分工的生產程序，乃至分工的生產成果的看法，不可能完全相同。

人在生產關係的體系中位居何處，便會站在這個位置思考如何極大化自己的利益，並站在這個角度提出對整套生產關係的主張，這就是「階級」所帶來的「階級意識」。從「階級」與「階級意識」的角度來看，經濟生產活動本質上是一個多元利益衝突、主觀利益交錯的場域。

換句話說，不同階級的人會對生產活動持有不同的利益主張，彼此無法跨越彼此的階級立場，找出統一的利益主張或運作模式。在這一點上，馬克思經濟學的根本精神又與市場經濟學形成極端的對比。

市場經濟學將自己建構爲一門以自然科學爲範本的學科，將自然科學用來記錄、分析、預測自然現象的方法套用在人類行爲上。其內在理論趨向盡可能找到最普遍、運用範圍最廣的法則。在這個前提下，他們找到了市場，一個不理會身分、不考慮個人差異的力量，供需法則不看你的名片，不管你的頭銜，運作起來一視同仁。將因果倒過來看，正因爲這些經濟學家亟欲找出最普遍的法則，所以他們偏好將市場中超越任何個人差異的現象加以凸顯。

但馬克思認爲生產這種經濟活動是一種社會活動，也就是一種人類關係的行爲。和所有社會關係一樣，在生產關係中角色與立場是相對的。不同的人追求不同的利益，於是會對這套關係持有不同的看法。市場經濟學宣稱自己是一套擺脫了身分與個人差異的普遍經濟法則，但馬克思並不吃這一套，而是執意質問：你站在誰的立場提出分析的？只要由這個問題出發，看到的市場經濟學就不再是一套客觀、普遍的經濟法則，而是一套站在維護資產階級利益的立場，將資產階級的「操控」與「剝削」合理化的理論。

馬克思主義進入俄羅斯，爲俄羅斯革命提供了燃料，同時也轉型成蘇聯共產黨的官方意識形態。不難看出，相較於比較原始的馬克思思想，後來的蘇共教條大幅提升了「鬥爭」的概念。爲什麼會這樣？部分理由是蘇共仍得宣稱自己的信念就是普遍的眞理，因此無法維持馬克思原本的立場，主張無產階級都應該看到這道理，而必須改口宣稱自己的主張是所有階級的人都必須服膺的眞理。

在蘇共的意識形態中，「鬥爭」一如市場經濟學中的「供需」，可用於解釋所有的人類活動，是放諸四海皆準的法則。工人必須團結，以和資本家進行階級鬥爭，因此工人的價值與行爲都可以用「鬥爭」來解釋。這個字眼也可以用來解釋資本家的行爲——有錢的資本家之所以喜歡炫富，是因爲他們隨時處於得與其他資本家競爭的階級內部鬥爭狀態，得藉由炫富來壓倒競爭對手，以取得更大的權力。可見「鬥爭」可以用來解釋很多事。

馬克思本身對「鬥爭」並不那麼有興趣。雖然在他的階級史觀中，不同階級之間的鬥爭是改變歷史的重要因素，但他並不打算建構一套以鬥爭爲核心的經濟學。《資本論》是一套工人的經濟學，一套從工人的角度出發的經濟活動分析。工人應該擁有工人自己的經濟學，因爲資本家早已擁有資本家的經濟學，而且還動用這套經濟學來蠱惑勞動者，利用它來奪取工人的「勞動價值」。

資本家的經濟學只對資本家有利。如果工人也接受這套經濟學，乖乖接受資本家對其勞動價值的定義，那麼「剝削」將視爲理所當然，工人也終將失去一切擺脫「被剝削」狀態的機會。

馬克思的經濟學分析，是在讀者已將資本家的「操控」視爲共識的前提下進行的。正因爲這套爲資本家謀利的系統已經提出了對工人不利的理論，所以馬克思必須站到工人的立場提出另一套「勞動價値說」，利用它對經濟行爲提出新的解釋。

所以馬克思的「勞動」僅指工人的勞動這個觀點，很早就廣受質疑。工廠工人的確需要「勞動」，但難道店員、老闆就不必「勞動」嗎？資本家也必須上班做決策和管理，這不也是「勞動」？

馬克思的確沒把資本家看作「勞動者」，而是將他們視爲「資本的人格化」。他們僅爲資本而活，他們代表資本的利益，並不是從事個人的勞動。他們藉由資本驅使勞動者來獲利，而不是經由個人勞動來獲利。

馬克思的批判者對這觀點發動了猛烈攻勢。他們會舉霍華休斯（Howard Hughes）爲例子來進行反駁。曾在二〇〇四年的電影《神鬼玩家》（*The Aviator*），說的就是霍華休斯的故事。他是個標準的資本家，坐擁龐大的資產，一輩子不愁吃穿，但他卻一生孜孜矻矻，過著比工人更勤勞的生活。我們是否能認定他的辛勤努力不算「勞動」？我們是否能因爲他有錢，就否定他也從事「勞動」的事實？

的確，不僅是霍華休斯，許多有錢的資本家每天超時工作，比工人還要辛苦，但我們卻絕對不會在《資本論》裡看到馬克思討論他們的「勞動」或他們的「勞動價値」。這不是《資本論》的一大盲點嗎？

馬克思的確沒有對這種「資本家勞動者」進行分析，因爲能解釋「資本家勞動者」這種現象的理論，在當時尚未出現。要等到韋伯（Max Weber）於一九〇五年出版了《新教倫理與資本主義精神》，西方世界才開始正視這個現象。

韋伯以他所建立的「歷史社會學」方法，理出了「新教倫理」、「資本主義」，乃至資本家行爲之間的因果關係。「新教倫理」中最重要的就是「預選說」。諸如喀爾文教派等的新教教義，強調人絕對不可拉近自己與上帝的距離，也無法揣測上帝的意旨，更遑論影響上帝的決定。過去的「舊教」，也就是羅馬教會所犯的最大錯誤，就是將自身膨脹爲上帝的代理人，虛妄地許諾信徒加入教會就能得到救贖、懺悔就能得到上帝的原諒、購買「贖罪劵」就不必下地獄……其實教會根本沒有這種權力，只要是人，就不可能有這種本事。

羅馬教會的虛妄與傲慢所造成的墮落，刺激了「新教改革」。喀爾文意圖將改革推行到最根本的層面，徹底去除人能揣測或影響上帝旨意的幻想。上帝不會跟人交易，人沒有資格假定自己做了什麼，就可以從上帝那裡換來什麼，只能虔誠地接受上帝神祕的安排。

沒人能知道誰將上天堂、誰將下地獄。根據喀爾文的「預選說」，人沒有那麼了不起，絕不可能以自己的行爲影響上帝。而且既然上帝是全知、全能的，你在人世間將會做什麼、不會做什麼，上帝難道不知道？爲何還得費神爲你打分數？上帝早已安排了一切，你這一生會做些什麼，離開人間後是上天堂還是下地獄，均是早已命定，誰也改變不了。

這眞是個奇怪而殘酷的教義。抹消了藉由意志行爲影響自己命運的可能性，那人活在世上還要做些什麼？反正一切都已選定，所以我們大可愛怎麼活就怎麼活？不，雖然一切都已選定，但你並不知道自己有沒有在那張上天堂的名單上。即使再焦慮，你也只能謙卑地試圖測知上帝可能爲你做了什麼樣的安排。

基本上，喀爾文及其信徒相信上帝的選民在人間會有某些跡象，或某些特別的行爲模式。並不是說他們藉由這種善行感動上帝才上得了天堂，而是該倒過來解釋：那些早已獲得遴選的人，顯然不可能在人間縱欲爲惡。這些「選民」會展現出一種上帝所賦予的善性，分享上帝的聖美。因而顯露善性與聖美的人，就有可能是「選民」。

所以大家應該努力展現善性與聖美，以說服自己是「選民」。這種必須不斷自我證明、自我說服的焦慮，使這些人過起了一種特殊的生活。他們勤勞、努力，在世間取得了成就，但要證明自己是「選民」，他們就不能縱情享用這些成就。

窮困潦倒、在人間一事無成者，或傲慢揮霍、縱情聲色者，都不符合「選民」的條件。因而在這種焦慮中刺激出一種人——他們賣力工作，賺取財富和地位，卻從不揮霍自己的財富、炫耀自己的地位。財富不會給他帶來奢華的生活享受，只會讓他把錢拿去做更多事、賺更多錢。

韋伯告訴我們，這些人就成了「資本家」。而那些不被花掉卻拿來反覆投資的錢，就成了「資本」。

在韋伯的定義裡，「資本家」絕不是好吃懶作、坐享其成的人。「資本」與「資本家」源自一種集體焦慮所刺激出的勤奮工作態度。「資本家」，至少是最早期的「資本家」有其勞動，也有其「勞動價值」，這是馬克思既沒看到、也沒思考過的。馬克思僅看到工人與資本家之間的截然差異，僅關心工人如何從資本家那裡討回被奪走的「勞動價值」。和韋伯的說法相較，我們可以看出馬克思的盲點，但同時也能看出馬克思的關懷。

屬於工人的「階級意識」

馬克思針對工人階級寫出了一套理論基礎，期望能在工人階級的心中建立一套屬於工人階級的公平正義理念，使他們不必再拿資本家的說法來自我矮化、自我傷害。

馬克思看到歐洲，至少他當時所旅居的英國，已經是個「階級社會」，工人階級存在已經是個不爭的事實，然而卻沒有屬於工人的「階級意識」。階級與「階級意識」理應彼此相連，但對當時的工人而言卻不是同一回事。唯有一套針對工人的主張，才能在階級事實中創造「階級意識」。

工人的「階級意識」有兩大目的：第一，發現自己與地主、資本家的不同之處。第二，建立與其他工人之間的階級感情與團結意識。

有階級卻沒有「階級意識」，就代表工人對這個世界的主觀認知與客觀事實有嚴重差距。唯有讓工人培養出正確的「階級意識」，不再誤判自己在這個世界上、這套體系裡的位置，我們才能得到認知與事實統合的「科學性」。

工人不能以資本家的定義來論斷自己的「勞動價值」，因爲這會使他們理所當然地低估自己的「勞動價值」。他應該學會正確的計算方式，認清自己所創造的「勞動價值」中有一部分，甚至是一大部分是被「剝削」掉的。這種制度性的「剝削」，就是資本主義「操控」的結果。

最大的「操控」，來自資本家對「生產工具」的把持。在原來的「工匠傳統」中，工匠擁有自己的生產工具，但現代的工人卻沒有自己的工具，他們只能進入工廠，以裡頭的機器來進行生產。

從表面上看來，兩者同樣都是生產，但以自己的工具生產和進工廠生產是截然不同的兩回事。工廠制度意謂著生產工具並不在實際從事生產的人手裡，而是由廠方所壟斷。因而工人的勞動力失去了原本的自主性，變成必須依附在機器上才能進行生產、創造價值。

在從前，工匠相較於農民是較自由的。根據馬克思與恩格斯的史觀，在「資本主義時代」之前是「封建時代」，而「封建時代」，是由土地制度來定義的。土地爲地主所擁有，農民的生產必須在土地上才能進行，因此農民的勞動只能依附在土地上，等同於依附在地主的控制之下。在那個時代，工匠不需要土地，因此他們是相對自由的。

但是進入「資本主義時代」，也就是工廠制度興起的工業化時代後，工人喪失了原有的自由。爲了實現「勞動價值」，他必須尋找機器，他必須將自己（人）的價值依附在「機器」（物）上。人成了附屬品，物成了主體，這當然是不折不扣的「異化」。

第五章

一份爲工人弱勢者而寫的「辯護書」

不管資本家有多對、工人有多錯，
都要站在工人這邊，
因為資本家比工人強大太多，
而且資本家還是靠著工人的勞動努力
才能變得那麼強大。
而正因馬克思是哲學家，
所以他不把是非推給別人去決定，
而是堅決地説出工人對、資本家錯的理由。

現今「工資勞動者」六點下班後，眞正的生活才開始

「工資勞動力」，就是「異化」了的勞動力，是在工人失去了生產工具的情況下出現的。擁有生產工具的工匠，和自己的勞動力之間有著完全、完整的關係，既能享受所有成果，也得承擔所有責任，他有決定如何使用自己勞動力的自由。如果靠三個小時的勞動力能夠養活一家人，那麼他可以選擇每天只工作三小時，也可以選擇每天工作十小時。這種模式並沒有強制性的「工時」，不必受制於必須從幾點工作到幾點，一天要工作幾小時的規定。

在西方傳統的工匠制度中，有流浪工匠（journeyman）與日雇農工（day laborer）等領取工資的勞工。流浪工匠有工匠本事，但沒有工具和店鋪。他會打鐵，但無法擁有鍋爐和鐵砧，只好到處流浪（journey的原意），在其他鐵匠的鋪子裡打工。日雇農工則是懂一點農耕技術，有一身力氣，卻沒有自己的土地，只能在農忙時化身爲「麥客」，到處爲人收割

麥子，並領取一點收割到的麥子、或一點銀兩作爲報酬。

這種人在傳統社會中被視爲流浪漢，被人以懷疑的眼光看待。可見這種身分並不是穩定的身分，而是出於潦倒時的不得已。流浪工匠時時得想辦法晉升爲工匠，日雇農工時時得想辦法落地生根成爲農人。

舉這樣的歷史爲例，馬克思爲工人悲嘆：在傳統社會中，流浪工匠與日雇農工屬極少數，在生產生態中可有可無，而且有很多機會擺脫這種身分翻身。到了工業社會，身爲生產主力的工人卻落得和他們一樣僅能領取工資度日，而且還沒有任何機會成爲生產工具的擁有者。

在工廠制度與工資制度下，勞動者被「異化」，連帶使「工作」本身也被「異化」。

馬克思對工作與生活一直抱持著極其浪漫的主張，堅持兩者應該合而爲一，工作本身應該是目的，而不是生活的手段，或爲了維持生活不得不然的付出。

生產工具掌握在別人手中，而工人只能領工資。他對勞動力成品不會有感情，進而對工作也不會有感情；工作只是他被迫承受的職責。於是一個工人一天二十四小時裡，扣除睡眠時間，清醒的時間裡有百分之七十以上都處於被迫承受的狀態，頂多只剩下百分之三十的時間能享有眞正的生活。

但以前的工匠，甚至農人都不是如此。他們爲自己勞動，握有勞動決定權，也對勞動的結果負責，勞動就是他生活的一部分。農人一大早起來「巡田水」，不是奉誰的命令，而是出於對自己田地的關心自主去做的。他對他的田、對他的稻禾有感情，將來田地上產出的稻米也都屬於他。同樣的，工匠廢寢忘食打出一把最好的斧頭，也不是出於誰的命令，斧頭是好是壞關乎他在這一行的身價，也關於他的成就。

工資勞動者失去了這種工作感情。馬克思觀察到工廠制度爲人帶來了根本的改變——那就是人的生活變質、縮小了。人原本可以利用自己的所有時間過生活，但成爲「工資勞動者」後，工作占據了大半的生活時間，只能利用工作以外的時間享受僅存的生活。

在今天的環境裡，絕大多數人都成了「工資勞動者」，因而馬克思這種擔憂值得我們思考。「工資勞動者」的生活被無情地切成了兩段，在其中一段中，他處於「異化」的情況下，生產工具倒過來控制了他，剝奪了他的自由，以及他的生活。唯有離開工作，他才回歸成正常的、自由的人。

工業化之後，人的平均壽命大幅增長。十八世紀的人或許只能活到四十歲或四十五歲，但馬克思提醒我們：他們不見得活得比我們短。因爲他們從早上六點鐘就開始過實質的生活；而成爲「工資勞動者」的我們，生活卻是從下午六點下班後才開始。

讀《資本論》裡馬克思對「工資勞動」、「工作日」、「工時」的討論時，我們要讀到他的那份悲鬱，甚至悲憤。「工作」變成與人和生活脫節，但人和工作卻又是不可分割的，於是人實際上被矮化了。作爲「工資勞動者」的部分愈大，自由的眞實生活的部分相對就愈小。而且等「工資勞動」的部分擴大到一定程度，我們也就失去了在「工資勞動」之餘享受自由生活的能力。你存在，卻沒有生活，只是作爲「工資勞動者」而存在。這種狀態對工廠、資本家最有利，因爲你的存在所需也就會相應降低到只爲了讓自己活到明天，也就是只剩下「勞動再生產成本」。

馬克思的悲憤看法，既是當時的現實描述，也是對未來的預言。今天全世界多少人一輩子活了七十年，眞正爲自己活著的日子算來卻沒幾天？在許多地方，這種人生甚至被視爲是應該的、理所當然的。

生產工具的異化不只存在於一部分的工廠，而是一個勢必擴張到全社會的現象。工廠制度形成後，工匠的小型自主生產方式便走入了歷史。你已無法選擇繼續保留自己的生產工具，以小型工作坊的形式自由地從事生產。

「相對剩餘價値」是馬克思所提出的另一個重要概念。在工廠制度下，資本家控制了生產工具，降低了生產成本，連帶地降低了工廠工人的「勞動再生產成本」。說得白話些，就是養活一個工人，讓他明天回來繼續工作所需的費用將不斷降低。

在英國，工業化最早出現在紡織業。以機器製造的布疋，使衣服的價格大幅下跌，接著在與生活相關的其他領域中，也先後出現了類似的情況。工人對這種情況應該感到高興，因爲大家可以用較便宜的價錢換來同樣的生活、甚至更好的生活。

我們通常都是這麼看的，然而馬克思卻以「相對剩餘價值」給了我們一個截然不同的看法。假設原本工人維持生活所需的最低花費是五十元，而他工作一天十小時可以創造的總價值是兩百五十元，這意味著這個工人可供剝削的「剩餘價值」是兩百元。只爲了自己，他每天僅需工作兩小時就已足夠，其他八小時的勞動就變成資本家可以用工資形式進行剝削的範圍。現在因爲生活所需變便宜了，這個工人每天的生活所需降到了二十五元，但他每天依然得工作十小時，創造兩百五十元的總價值，那麼他可供剝削的「剩餘價值」反而相對上升了。在新情況下，他只工作一小時就能獲取「勞動再生產」的基本所需，其他九小時的勞動，全都落入了資本家的剝削範圍內。

所以藉工業化使物價下跌，對資本家依然是有利的。

眞正該仇視的是資本，不是資本家

「資本再生產」是馬克思的另一個重要概念。有錢人在什麼時候變成了「資本家」？他們的錢在什麼時候變成了「資本」？當追求以錢滾錢變成了目的，賺來的錢要用於什麼實際用途變成了其次，這種錢就成了「資本」，如此運用錢的人就成了「資本家」。

資本最根本的運作邏輯是不斷擴張。在擴張的過程中，資本與資本之間必然會產生競逐關係。商業資本的競逐帶有很高的運氣成分，投資任何生意都有賺有賠，有時賺得多，有時賺得少。然而當資本被運用於購買或確保生產工具，也就是轉型爲「工業資本」時，遊戲規則就改變了。

有了機器，蓋了工廠，就能夠雇用「工資勞動者」，也就能以剝削他們的「剩餘價值」來獲利。資本愈大、機器愈多、雇用的工人愈眾，當然就能獲取愈高的利益。這是個明確的「資本再生產」規律——資本愈大獲利愈大，大資本比小資本來得有利。

愈大的資本，能夠累積愈多的「剩餘價值」，創造愈快愈有效率的資本累積。大資本會很快將小資本拋在後面，逼迫小資本想盡辦法壯大以與之競爭。因此馬克思預言：一旦資本家控制了生產工具，資本就必然變得愈來愈集中，因爲資本的本質是擴張性的，而且愈大的擴張愈快，也會積極地併吞較小的。規模同時也決定了「資本再生產」的速度與效率。

這個概念引出了馬克思有名的歷史決定論——資本主義社會最終將只剩下大資本家和無產階級，中間的小資產階級注定要消失；他們要嘛就累積擴張手中的資本，變成大資本家，要嘛就失去手中的資本，淪爲無產階級工人。這是根據資本運作的邏輯所做的推論。

馬克思將「資本家」視爲一個概念，而不是一個實然的歷史現象。對於他心目中對「資本家」的定義，最精確的描述是「資本的人格化」；資本家不是一個具體的人，而是由資本所定義、爲資本所操控的一種反應、一種活動。

歷史中的確不乏仁慈、慷慨的資本家，但這對馬克思而言並不重要。作爲「資本的人格化」，資本家具備了追求資本不斷擴張的天性，必須不斷尋找更有效的方法來剝削「剩餘價值」，和工人的利益當然處於完全相反的立場。實然中，仁慈、慷慨的資本家不過是少數的偶然，改變不了資本家的本質，更改變不了資本家的定義。

作爲「資本的人格化」，資本家的生命主要是爲資本服務，創造更多的「資本再生產」，幫助資本不斷擴張累積。他的貪婪不是出於個人所選擇的道德墮落，而是其社會角色所帶來的必然。就算他將賺來的錢捐出去做慈善事業，也不會改變他幫助資本擴張時的貪婪本質。

很多人說馬克思是個煽動家，以他的作品煽動仇恨，但我們應該公平地認清馬克思究竟煽動了什麼樣的仇恨。馬克思的理論並沒有煽動讀者仇視資本家，因爲資本家不過是「資本的人格化」，也是由資本所驅使的。

真正該仇視的是資本、是資本的本質、是內在於資本的那份不斷自我擴張的動能。工業資本及工廠制度的形成產生了剝削「剩餘價值」的方式，導致包括資本家本身在內的一切都被捲入、扭曲。

資本家同樣陷入目的與手段的錯亂中，滿腦子想的都是讓資本不斷擴張、不斷累積，卻不知道擴張了、累積了之後要做什麼，一心認爲今天的擴張，是爲了明天更大的擴張；今天的累積，是爲了明天更豐厚的累積。馬克思並沒有煽動我們仇恨資本家，畢竟該仇視的不是資本家，而是那個吞噬了所有人的大怪獸體系。仇恨資本家並沒有意義，打倒資本家相對的也太容易了，真正困難的是拆解那個體系、顚覆這套資本運作的邏輯。

讓資本主義社會自我修正

我曾經很認眞地自我定位，得到的結論是：在今天的臺灣這種環境下，我選擇當一個「失敗主義的左派」，或「失敗主義的馬克思主義者」。如果你開始對於什麼是馬克思主義有了一點概念，也有了一點興趣，應該就能帶點同情地了解我爲什麼要特別提「失敗主義」，以及「失敗主義」指涉的是什麼樣的立場。

馬克思思想帶有高度浪漫的理想主義色彩，以及更高的現實批判力量。他爲我們提供的是個哲學思辨的基底，也是個徹底激進的解決方案。至於他既沒有、也不可能爲我們提供的，是實際的行動步驟。換句話說，馬克思擅長於體系批判，但若要眞正推翻這套體系並進一步取而代之，那麼馬克思主義就必須形成另一套體系。那恰恰是哲學出身、在書房與圖書館中度過一生中絕大部分時間的馬克思最無能爲力的一環。

馬克思沒有那種現實感，更沒有那份入世的強悍得以規畫、執行這類奪權行動；列寧、史達林才有那種近乎殘酷的強悍權力欲。然而，列寧、史達林以這種強悍權力欲所建構起來的體系，絕不可能保留馬克思的抽象理想特質。

在人間建立一套取代資本主義的共產主義體系，顯然是一場失敗的試驗，從俄羅斯、東歐到中國，甚至是一場大悲劇，使得今天的我們無法再夢想建立一個共產主義天堂。馬克思所想像的那套體系，需要遠比現實中的人類高貴得多的精神，尤其是在政治權力的運用上。這點我看得清清楚楚，也全然接受。

但這並不意味著我們應該把馬克思與馬克思主義「掃進歷史的垃圾桶」裡。正因爲共產主義天堂注定失敗，正因爲我們今天必然要活在一個資本主義的社會體系中，我們更需要馬克思與馬克思主義。馬克思與馬克思主義提供了一種外於資本主義的標準來讓我們看待人生、看待社會，至今仍然足可以在對照中讓我們明瞭：資本主義這套價值並非唯一，亦非必然。

馬克思思想有助於避免資本主義體系陷入邪惡的深淵。過去一百多年來，馬克思思想最大的實際作用，並不是體現在共產黨執政的國家，反而是在實行資本主義的地區。雖然仍然稱之爲「工資」，但十九世紀的英國工人和今天的臺灣工人所領的工資，已經有了天壤之別。那時候哪有加班費？哪有最低工資保障？哪有資遣費？老闆支付工資就買下了你這個人的勞動力，哪來那麼多囉哩囉嗦的規定？

今天的勞動者擁有屬於自己的基本權利，部分原因就在於馬克思與馬克思思想的存在。馬克思對資本主義瓦解崩潰的預言，以及對共產革命的主張，資本主義社會都聽見了、也聽進去了。後面一項讓資本家驚恐地縮回了剝削的手，不敢將工人壓迫到革命邊緣；前面一項則刺激資本家們設法修正原有的系統，以避免馬克思所預言的情況成眞。

資本主義吸納了馬克思的提醒與警告，做出了許多修正，才演變成今天的面貌。資本主義體系內部確實有一股值得稱道的力量，使它不斷自我修正。在我看來，資本主義這一百多年來的發展，可說是一條彎彎曲曲的拉鋸軌跡；一邊是原有的「異化」或「非人化」的力量；另一邊則是聽到馬克思警告後，擔心整個系統走得太極端而往回修正的力量。

馬克思夢想中的共產主義社會成了噩夢一場，這是馬克思的失敗；馬克思的預言與主張使得資本主義不敢走到太極端，因此免於瓦解崩潰，這也是馬克思的失敗。但他這些失敗卻留給了我們一套相對較平衡、不過於殘酷的「修正版資本主義」體系。

資本主義內部的拉鋸並不會就此結束。資本擴張所引發的貪婪與剝削也不會就此告終。資本要擴張，最有效的方式還是徹底將人「物化」，變成純粹追求利潤的機器，忘掉其他一切。因此要使資本主義體系免於朝太殘酷恐怖的方向偏斜，顯然只有一種方法——那就是確保能將這個體系拉回的力量依然存在。不受制於資本主義，能夠暴露資本主義價值盲點、喚醒我們資本主義以外的生命意義的聲音，絕對不能消失。

馬克思思想隨時都立基於人是什麼、人的意義是什麼、人的目的是什麼這一連串的哲學主張上。在經濟學的領域裡最浪漫、最關懷人，並念茲在茲、反覆強調對人的關懷的，就是馬克思。

手段與目的不斷倒轉產生的「異化」

馬克思本質上是個哲學家，因此即使讀的是他的經濟學，我們還是應該認眞理解他的哲學主張。

在哲學上，最有意思的是馬克思和黑格爾的關係。馬克思自己說：他將黑格爾的「辯證法」顚倒過來，因爲黑格爾的「辯證法」頭下腳上弄錯了方向，需要將它翻過來導正。

馬克思思想中源自黑格爾、讓黑格爾哲學顚倒過來的，其實不只有「辯證法」。更核心、更關鍵的，應該是黑格爾的歷史觀。對黑格爾而言，歷史的絕對精神有著自我完成的軌跡。爲了實現自我，絕對精神必須先裂解出其對立反面，讓「絕對」成爲「相對」。「絕對」是靜止不動、沒有時間的，但變化與實現卻只能在時間中進行。

有了「相對」，才有時間，才會有「正」與「反」的變化。「正」「反」互激，在「相對」的環境中不會有全面的勝負，而是從中發展出

「合」來。「合」和原來的「正」與「反」並不在同一個層級，而是跳到了更高一層，同時也就構成了新的「正」。絕對精神藉由這種方式，一步步趨近自我的終極實現。

這是黑格爾式的歷史觀。歷史有其目的或方向，而且不管表面上看起來如何多變，實質上歷史總是朝著一定的目的或方向前進。雖然走的是迂迴纏捲的路，但整體方向必然是往上進步的。

馬克思所描述的歷史變化卻往往是倒退的。歷史是人本身不斷被異化、人與世界的關係不斷惡化的過程。人離開了原初的「樂園」，並且偏離「樂園」愈來愈遙遠。

「樂園」是尚未「異化」的生活，一種以生活爲完整目的的理想狀態。隱約貫穿馬克思哲學探討的綱領似乎是：人爲了某個目的設計了某種手段，但不久之後手段就取代了目的，讓人遺忘了原本的目的。然後爲了這「異化」之後的新目的，人又設計了另一種手段，終究只是得到再一次手段取代了目的的結果。

從經濟上來看，人爲了存在必須改變自然，滿足人的需求，這就是生產行爲。生產是爲了人的存在而改變自然，那麼存在便是目的，生產便是手段。然而很快地，生產僭越了存在，讓整個狀況倒轉了過來：人活著就必須生產，很多人爲了生產而活。再下一步，爲了促進生產效率而有了分工。分工是手段、生產是目的。但分工體系逐漸被固定下來，回不去了，人便被綁在分工的架構上，一個紡織工人就只能每天操作機器生產布疋，沒有時間替自己做衣服，不可能爲自己種麥子，也不可能爲自己讀書；做衣服是裁縫的事，種麥子是農夫的事，讀書是教授的事。於是分工又僭越了生產與存在，成爲了目的。

改變並沒有就此打住。後來爲了配合分工運作，又有了交換行爲。交換是手段，分工是目的。但不出多久，這個手段的位階又大幅提高，成爲了目的。依照馬克思的概念，源自於分工的合理交換，乃是建基於不等的「使用價值」上。你種了很多麥子，多餘的麥子對你沒有那麼大的「使用價值」，因此你樂意拿麥子去跟生產了許多青菜，但青菜對他來說沒有那麼大的「使用價值」的菜農交換，雙方都在交換中得到了較高的「使用價值」。

但是在後來的交換體系中，「使用價值」卻消失了。人們不再爲更高的「使用價值」而交換，而是爲了金錢。許多沒有「使用價值」的東西，成了最熱門、最熱絡的交易商品。人們買下未來的鬱金香，買下南海公司的股票，都不是爲了這些東西有什麼「使用價值」，純粹是爲了再轉手賣出。這裡就產生了雙重「異化」，交易或交換僭越了原本的分工目的；還有，本來作爲交易工具或手段的金錢貨幣，轉過身來變成交易或交換的目的及主宰。

我們就活在這麼一個持續墮落的世界裡。這是一個「異化」的深淵。而金錢貨幣就是坐鎮於這深淵最底層的黑暗主宰。

資本這怪物在現今社會找到的出路

金錢貨幣原本的功能是實現價格，方便不同物品之間的交易。貨幣是社會共同建構的一項假設。假定一百塊等於一把雨傘的價格，你同意我同意大家都同意，那麼我們就能以一百塊買一把雨傘。假定三十塊等於一個包子的價格，你同意我同意大家都同意，那麼我們就能以三十塊買一個包子。如此一來，我們就不再需要進行雨傘和包子之間的直接交換。畢竟一把雨傘要換三又三分之一個包子，或四個包子要換一又五分之一把雨傘，多麼麻煩啊！

透過貨幣中介，交換變得簡單，交換的範圍也得以大幅擴張。貨幣本身沒有價值，其價值來自公共認可，承認它代表價值，而且可以在交換中實現價值，貨幣便使「遞延交換」成爲可能。若是沒有貨幣，我只能在肚子餓時拿雨傘去換包子。有了貨幣，我便可以在下雨天把雨傘賣給需要雨傘的人，拿到一百塊錢，待明天我需要東西吃，再拿錢去買包子，這就是

「遞延交換」。

「遞延交換」的前提是：貨幣除了代表價值之外，還必須有儲存價值的功能。今天我賣雨傘得到的一百塊錢，在明天拿去買包子時，必須還有一百塊的價值。想想玩「大富翁」時所用的紙錢吧！在那個遊戲盤上，五千塊可以讓你買下「電力公司」，但這個價值只在這遊戲的場域裡有效，離開了這遊戲，甚至只是離開了這場遊戲，那些紙錢原本的價值就消失了。我們可以說因爲那只是沒有價值的「玩具鈔票」，但其實「眞鈔」也沒有什麼本身的內在價值啊！印一張一千元「眞鈔」，花不了「中央印製廠」幾塊錢成本。「眞鈔」的價值，不過就在於這個社會上大家都認可其票面價值，而且不會失效而已。

大家的同意，以及「遞延交易」帶來的便利，讓貨幣具備了儲存價值的功能，連帶地使得貨幣得以轉換並累積價值。原本因人而異、變動不止的「使用價值」，現在得以被轉化爲「貨幣價值」固定下來、累積起來。

這是什麼意思？大家聽過經濟學裡另外一個極其根本的概念——「邊

際效益遞減」吧？假設你在沙漠裡快渴死了，突然看到一支駱駝商隊，精神爲之一振，便上前討些水喝。帶領商隊的當然是商人，他們就出價了，一皮袋的水要價是你身上所帶錢財的三分之一。哇，花掉三分之一的錢就可以把命救回來，太便宜了！你如是想，趕緊掏出錢來，生怕他們後悔，一皮袋水喝下去，你慶幸自己活了下來，但還是沒有眞正止渴，口中、身體裡仍然渴望更多的水。商隊願意以同樣價錢再賣你一皮袋水，這回你猶豫了一下，花了一分鐘才決定將錢拿出來跟他們換第二皮袋的水，立刻把這袋水喝了下去了。這下商隊成員好意地問你：「要再來一袋嗎？還是同樣價錢。」這時你想都不想立刻搖頭：「謝謝，不用了。」

三袋水都是同樣價錢，但你購買交換的意願卻差了那麼多！那是因爲三袋水對你的意義不同，產生的效益也就不同。第一袋高過第二袋，第二袋又高過第三袋。愈是匱乏，效益就愈高；反之，擁有愈多，效益就愈低，這就是「邊際效益遞減」的法則。

「邊際效益遞減」使人很難儲存價值。假設現在你願意以一輛腳踏車換一支手機，這兩樣東西對你是等值的。待你得到了第二輛、第三輛、甚至第四輛腳踏車時，我們是否可以說你現在累積了等於四支手機的價值？不行。因爲你已不再那麼需要腳踏車，相對地你還是沒有手機、也需要手機。這時若有人要以手機跟你換兩輛腳踏車，你大概高興都來不及。

你擁有了四輛腳踏車，然而在累積的過程中，這些腳踏車相對於手機，竟然貶值了百分之五十。可見「邊際效益遞減」的確能破壞物品累積及儲存價值的功能。

這就是爲什麼在沒有貨幣的社會，貧富差距不會拉得太大。北美洲印第安社會裡有個著名的習俗，叫做「誇富宴」（potlatches）。宴會的重點，是將一大堆印地安社會視爲最有價值的毛毯丟進火中燒掉。這是他們有地位、有財富的人向其他族人炫富的方式。這行爲乍看之下相當古怪，好好的毛毯幹嘛要燒掉？燒了，你的財產不就減少了？你和其他人的財富差距不也減少了？舉辦了「誇富宴」後，所有人都知道你不再像原來那麼富有，這怎麼會是好的「誇富」方式呢？

但我們如果了解「邊際遞減效益」在沒有貨幣的社會能起什麼作用，就能明白這種「誇富宴」有道理得很。一般人家中只有兩條毛毯，冬天得靠它們禦寒，少了它們可能要落得凍死。酋長家裡有六條毛毯，燒掉其中三條也不影響他們家過冬。反正那些多出來的毛毯經過「邊際效益遞減」後，就沒有那麼高的必要價值。同時藉由將多餘的毛毯燒掉，他們還能維持毛毯在這個社會的稀有性，毛毯也才能繼續發揮作爲財富與地位象徵的功能。

在沒有貨幣的社會很難累積價值。毛毯堆多了，立刻面臨「邊際遞減」的問題。如果不想個法子減少毛毯的數量，毛毯很快就會失去儲存價值的功能，因此燒掉要比囤積更合理。

有了貨幣就不一樣了。貨幣可以遞延、可以儲存、也可以累積。貨幣原本是交易的工具，然而經過交易，直到下一次交易，價值仍被保留在貨幣裡。貨幣的功能給人一種新的欲望，價值以貨幣的形式存在，便有著無限的實現可能。因此我也不必急著將儲存在貨幣裡的價值透過下一項交易實現，寧可讓價值繼續保留在貨幣中。

這項新的欲望一步步開展，最後造成了目的與手段的逆轉，造成了《資本論》中所討論的從「商品——貨幣——商品」到「貨幣——商品——貨幣」的改變。交易不再是爲了交換我所需要用的東西，而是爲了累積更多的貨幣，或將價值累積在貨幣裡。

貨幣及其交易對象的具體關係從此斷裂，貨幣變成一種抽象的價值存在。我的皮夾裡有八百塊，那是鈔票的抽象價值，不一定得以這八百塊去交換什麼東西。事實上，面對這八百塊，我們最想要的不再是交換任何商品，而是如何讓它變成一千塊、五千塊……。

你覺得三萬元和兩萬元哪個比較好？五萬元和三萬元哪個比較好？聽到這種問題，你的第一個反應大概是：「這是什麼白痴問題！」因爲答案已經那麼明顯。金錢必然是愈多愈好，「爲什麼愈多愈好？」這種傻問題，也根本不必回答。當我們以這種抽象的眼光看待貨幣，對於貨幣存有增長的欲求時，我們就已經進入了資本主義的邏輯，成了潛在的資本家。在你的心態裡，「使用價值」消失了，商品退到了邊緣，中心是貨幣本身的抽象數字，那才是重點，那才是目的。這就是資本主義的思考方式。

電影《侏儸紀公園》裡有句名言：「生命會自己找到出路」。（Life will find its own way.）如果按照電影的內容，我們大可把這句話改成：「怪物會自己找到出路」。（The monster will find its own way.）由人類扭曲的欲望構成的資本，有如復活恐龍般的怪物，具備了這個世界尚無法抗衡的巨大力量。資本這怪物近乎盲目的衝動，會爲自己找到出路，讓自己持續成長、擴張。

貨幣變成了資本，我們就近乎盲目地接受錢愈多愈好的邏輯。這邏輯驅使資本不斷尋找讓它成長、擴張的途徑，一條路走不通就換另一條，在一處長得不夠快就換另一處。在十九世紀，這個怪物試出了一條路——借由「控制生產工具」，它最能既快速又有效地壯大自己。到了我們的時代，這個怪物又試出許多其他條路，其中一條就是金融商品的操控。所以在二十一世紀短短十幾年裡，已經爆發了好幾場金融風暴。

資本家壟斷生產工具所造成的階級分化

在《資本論》的第十七章裡，馬克思對「庸俗經濟學」發動了正面的批判。而在第三卷的四十九章到五十二章中，他又進一步解釋了「庸俗經濟學」所犯的錯誤。

第十七章中，馬克思說了一句很關鍵卻不易理解的話：「庸俗經濟學中所說的『勞動價值』，其實只是『勞動力價值』的一種說法。」馬克思認爲「勞動價值」與「勞動力價值」是有差異的，而「庸俗經濟學」卻將這兩者混爲一談。

馬克思所要點出的是：在資本主義興起，工廠制度形成之前，工匠販賣的是結合了生產原料、生產工具與「勞動價值」的產品，透過產品實現其「勞動價値」。但在資本社會裡，工人不再擁有生產工具，同時也被剝奪了與產品的直接關係，於是他就只能出賣最純粹的「勞動力」。一個擁有生產工具的工匠，他的「勞動價値」會隨著產品而波動，技術好或產品好，「勞動價値」就高。而工廠工人的勞動沒有了這種「質」的成分，他的「勞動力」淪爲純粹的可量化概念，資本家不在乎你的技術與品質，只在乎你花了多少勞動時間在工廠裡。

資本這個大怪物一旦孵化形成，就找到藉由購買生產工具，壟斷生產工具的方式來壯大自我。如何從購買到壟斷？最有效的方式就是使生產工具愈變愈昂貴，讓個體戶的工匠不再有能力擁有生產工具。

這是馬克思對工業革命及工業化所提出的批判性看法，和今天流行的歷史常識很不一樣。我們的常識是以正面的態度看待工業革命：發明了蒸氣機，以機器取代人工，大幅提升了生產力。這才是現代社會的進步基礎。

馬克思的看法可不一樣。他看到的是：聚集了龐大資本，才促成了像蒸氣機這種龐大生產工具的出現。蒸氣機的發明，固然有知識性與實驗性的一面，但別忘了，也一定有社會價值與社會組織的一面。更重要的，發明並運用了蒸氣機之後，如此龐大的機器就必然不再屬於勞動者。機器朝「大」的方向發展，因爲這樣對握有資本的人較有利。

雖然這是歷史事實，但馬克思還是要我們試想：工業革命只能以蒸氣機這種大型機器作突破嗎？是否可能不是蒸氣機，而是以一些小型的、工匠可以自行擁有的生產工具作爲革命突破的重點？好比從前的鼓風爐或水車，能夠讓工匠降低工時、提升生產，卻不破壞其獨立性？

所以工業革命和資本主義是並肩發展的。不只同時，而且彼此影響、相輔相成。資本協助工業實驗步向大機器的發明，工業革命協助資本壟斷生產工具，加速其自我增長與擴張。工業革命和資本主義聯手得勢之後，社會上就出現了愈來愈嚴重的階級分化；人被分成了擁有資本也擁有生產工具的資產階級，與缺乏生產工具只能出賣「勞動力價值」的無產階級。

不管你要用什麼名稱來稱呼，這個社會上對人最主要的區分，就是由生產工具有無分化而出的兩個階級。這兩種人和資本之間有完全不同的關係，在生產中處於截然不同的地位，從此再也無法混同。雖然在同一個社會體系裡，這兩種人的差異清清楚楚，無從混淆。

我們可以拿樂透彩來做比喻。樂透彩是一個龐大的系統，其中有著可以清楚區分的兩種人——一種是中獎的，一種是槓龜的。雖然中獎的是到臺彩公司去領獎金，但這麼一大筆獎金是從哪裡來的？不是來自臺彩公司，而是來自所有其他槓龜者的貢獻。只要一開獎，樂透彩就毫不含糊地區分了這兩種人：一邊是中獎的，一邊是貢獻獎金讓中獎者高高興興捧回家的，兩者之間的差異非常清楚。

槓龜者集中了他們的財富，造就了中獎者的財富；這財富並不是中獎者去創造或累積出來的。我們也能用同樣的邏輯區別資本家和無產勞動者：一個是將自己創造的所得交出去，一個是奪取別人的所得。

我們為什麼會去買彩券？絕對不是出於自願當槓龜者，雖然最後你通常都是落在槓龜者這一邊。之所以買彩券，是因為我們認為還不知道誰是中獎者，誰是槓龜者，因此自己也有機會成爲中獎者，兩種身分是可以在開獎的瞬間互換的。

相信自己可以成爲中獎者，讓你即使槓龜了九十九次，還是會去買第一百次彩券。類似的現象也出現在工人身上：資本家不斷將工人的勞動「剩餘價值」據爲己有，工人爲什麼還要繼續幫他的工廠工作？一個理由是生產工具變得如此龐大，遠非個別工人有能力擁有，他的「勞動力」必須跟生產工具結合才能創造價值，於是他就算不爲這個資本家賣命，也只能去找另一個擁有生產工具的資本家賣命。當資本家認清他們之間的階級利益而團結起來時，爲了生存，工人只好合作。

另一個理由，則是資本家除了控制生產工具，還擁有各種得以「操控」工人意識的社會工具。這種操控讓工人無法察覺自己和資本家之間其實存在著絕對無法跨越的鴻溝，並認爲自己也有機會變成資本家。用馬克思的術語來說，這是藉混淆抹除工人自身的階級意識。

機會這東西相當奇妙。四十九選六的大樂透，中頭獎的機率是一千四百萬分之一。我們通常對這個數字不會有什麼實感，唯有看到別人在一千四百萬注中有一注中了三億臺幣，才會覺得：這代表我也有機會中三億！

工人看到資本家的財富，看到資本家握有生產工具高高在上的地位，看到資本家靠工人的勞動輕鬆賺錢，會做何感想？馬克思之所以抨擊「庸俗經濟學」，就是要讓工人看到這中間的「機會道理」，合理化並宣揚資本家的利益，只會讓工人錯覺自己也有機會成爲資本家。

馬克思要讓工人看到資本家的財富都是從自己的手上奪走的。他的經濟學意圖讓工人從渺茫的機會之夢中清醒過來，看清自己所創造的價值正不斷成爲資本家的龐大財富。

「上層結構」與「下層結構」

「庸俗經濟學」只是資本家能夠動用的社會工具之一。如果從更普遍的階級利益角度來看，還有許多禮儀、習慣、風俗、制度，乃至政府決策，都是對資本與資本家有利的。

這就是馬克思「歷史唯物論」對於「上層結構」與「下層結構」的重要看法。「下層結構」指的是生產力與生產關係，也就是基本的經濟模式，或可說是人用來改變自然、進行生產的方式。「上層結構」則是所有禮儀、習慣、風俗、制度、社會組織，乃至文學、哲學、藝術的統稱。

「上層結構」與「下層結構」的概念，源自馬克思全面性（totality）的哲學立場。如前所述，馬克思本質上是個哲學家，並不打算以知識分工的方式來架構自己的理論。他沒打算將每一塊領域切割開來，宣示自己只想研究人類經濟活動這一塊，其他領域和自己的知識追求無關。馬克思計畫建立的，是一個關於人類活動的全面性解釋。他這方面的野心和黑格爾是一致的。

馬克思之所以選擇以經濟層面的討論爲重心，並不是他對經濟領域有多熟悉，而是因爲他相信在自己那全面性的理論中，要數經濟活動和經濟行為最根本。馬克思主張經濟或生產活動不僅是一個無法與人切割的領域，還是決定所有人類活動的性質與走向的基本因素。

有什麼樣的經濟生產方式，就會出現什麼樣的禮儀、習慣、風俗、制度、社會組織，乃至文學、哲學、藝術。可見「下層結構」能決定「上層結構」。而在「下層結構」中尤以生產關係最為重要。生產關係裡最占優勢、取得最大利益的一方，會想盡辦法維持既有的生產利益與生產形式。他們的地位、優勢讓他們得以操控「上層結構」的內容，當然也會將自己的價值注入「上層結構」之中。

沾染了生產關係得利者價值觀的禮儀、習慣、風俗、制度、社會組織，乃至文學、哲學、藝術，卻擁有足以影響所有社會成員的力量。於是「上層結構」就發揮了為「下層結構」服務的功能，保衛並強化既有的生產關係。

馬克思不承認「上層結構」的獨立性與客觀性。他提醒我們在極度不平等的生產關係中，資本家握有和工人完全不對稱的利益與權力，我們沒有理由認爲那份權力會被關閉在經濟領域裡，不蔓延到其他領域上。禮儀、習慣、風俗、制度、社會組織，乃至文學、哲學、藝術都不可能在不受這種權力侵襲的情況下客觀獨立地發展。資本主義社會裡的禮儀、習慣、風俗、制度、社會組織，乃至文學、哲學、藝術，必然都反映了資本家的權力，以及他們追求的利益立場。

資本家藉由控制生產工具，迅速吸取工人的「剩餘價值」爲自己累積財富，再運用自己在生產關係上的優勢將他們的利益反映在其他「上層結構」的非經濟面向上，於是整個社會就被改造成一套專爲資本家「操控」工人的體系。

工人不只被化約爲「勞動力價值」的出賣者，僅能賺取與勞動力付出不成比例的微薄工資，還要活在由資本價值所打造的社會環境裡，錯覺這樣的生活是合理的，或至少是必然的，除此之外別無其他選擇。

馬克思在社會的每一個面向，和生活的每一個角落，都看到資本主義操控的鬼影子。這鬼影無所不在，而且最堅決告訴你沒什麼鬼影的，就是最大最可怕的惡鬼。不論是否接受「下層結構」與「上層結構」的定義，也不論是否接受「下層結構決定上層結構」的定律，在馬克思之後，大部分人看待禮儀、習慣、風俗、制度、社會組織，乃至文學、哲學、藝術的眼光業已改變，大家再也無法忽視這些人類活動和經濟之間的關係，再也無法天眞地以爲這些都是個別獨立的領域，擁有個別獨立的標準，背後並無經濟利益的影響。

「上層結構」強加於人的價值觀

意識到「操控」的鬼影，能讓我們對很多事產生不同的看法或解釋。例如今天我們還是常說臺灣人勤勞、打拚、節儉，並將這些視爲傳統美德，甚至哀嘆新一代的年輕人身上失去了這些美德，純粹從道德的角度看勤勞、打拚、節儉的習性。但若是聽進了馬克思的提醒，再回溯歷史問問爲什麼臺灣人會重視勤勞、打拚、節儉，我們將探索出不太一樣的答案。

至少有兩個值得參考的線索，就是臺灣社會的高儲蓄率，與缺乏集體安全保障這兩件事。工業化過程需要大量資金，資金要從哪裡來？一種方式是借外債，但外債有利息，借來一筆年利率百分之五的外債進行工業化投資，意味著你的投資所得每年必須有百分之五以上的成長才能眞正獲利。初期的投資往往達不到這樣的目標，還得支付利息，錢馬上就用完了，只好再借更多的外債來週轉。結果國家固然有了工業，但整體財富卻沒有增加，國民更沒分享到經濟成長的好處，收穫都被外債利息給吃掉了。

臺灣沒有走這條借外債發展工業的路。臺灣早期工業化的資本累積，來自於透過政治手段進行內部擠榨：一種作法是從政策上刻意壓低農業收入，將本來應該由農戶獲得的利潤轉移到工業上去。另一種作法則是壓抑消費，刺激儲蓄，將國民儲蓄轉爲工業資本。

但國民儲蓄和外債一樣需要付利息啊？沒關係，政府拿外債沒辦法，卻有很多手段可以壓低儲蓄利息。一種方式就是創造家戶儲蓄的必要性，人民若有非儲蓄不可的動機，不管利息多低都會乖乖儲蓄。

最強烈的儲蓄動機就是缺乏生活安全感。倘若大家活得像在走鋼索，不知道自己什麼時候會摔下去，就一定會期待底下張起一張安全網將自己接住。國家的社會福利就是這樣的安全網，你生病了有健保接住你，你失業了有救濟金接住你，你老了無法工作有退休金和國民年金接住你，讓你不會一摔下去就再也爬不起來。

但如果你活在一個沒有健保、沒有失業救濟，也沒有退休金和年金，完全沒有安全福利體系的環境裡呢？那就只好靠自己，只好想辦法縮減現實的消費，即使手頭上的錢連應付生活都不太夠，還是要有點儲蓄以防萬一。既然這些錢是你僅有一點點安全網機制，你的首要考量一定是「安全」，而不會是利息高低。

拿去「跟會」可以得到較好的利息，然而如果被「倒會」，抱歉，你跟誰哭都沒用。誰敢保證明天家人一定不生病，誰有把握自己明天一定不會失業？留著預防萬一的錢被「倒會」不見了，警察不會理你，法院不會理你，那是你自己必須承擔的風險。於是就算「跟會」的利息再高，你也不敢把所有的錢都拿去「跟會」，一定會把相當比例放在銀行裡。你忍受低利息存在銀行裡的錢，就變成了政府可以拿去推動工業化的資金了。

除此之外，那個年代臺灣還有外匯管制和進口管制。有很長一段時間，私人不得擁有外匯，你做出口生意賺到的美金統統都要用一比四十的固定匯率向政府兌換新臺幣。一比四十，嚴重低估新臺幣造成人爲的價差。賺美金花臺幣，很划算；換過來賺臺幣花美金，別傻了！臺灣人沒那麼傻，所以他們不會隨便買進口貨，而是把錢省下來只在國內消費。當然，在那個時代的管制下，也沒有機會出國消費。

這是一個很小、很簡單的例子。或許臺灣人不是天性節儉，不是受到傳統文化影響，而是在特殊的政府制度強迫下養成了這種習慣。馬克思提醒我們，勿忘以較複雜的質疑眼光重新省視禮儀、習慣、風俗、制度、社會組織，乃至文學、哲學、藝術中原本被視之爲理所當然的看法。

「上層結構」其實沒那麼玄，不過就是各種規範我們行爲、教我們分辨好壞與是非對錯的力量。我們接受這些力量來形塑自己的價值觀，也認同這些力量強加在我們身上的控制，於是就不會察覺這些力量的存在。馬克思提醒我們以階級利益的角度看清這些力量。大家相信並接受這些價值，對誰有好處？是你嗎？還是社會上更有錢更有權的那些人？

「上層結構」裡沒有任何利益中立的可能。最了不起的權力者不是直接把你抓起來推上絞刑架的人，而是要將你吊死都還讓你心甘情願去買繩子的人。馬克思開啓了一種看待禮儀、習慣、風俗、制度、社會組織，乃至文學、哲學、藝術的全新角度，一百多年來啓發了無數人沿著這個方向去思考、探索、開發。

國家淪為少數菁英操制的手段

國家也是「上層結構」之一。

馬克思留下一句名言：「宗教是人民的鴉片。」這是對宗教最大的挑釁、最嚴重的侮蔑，不只反對宗教的神聖性，還闡明了宗教之所以得到支持，是因為它提供人民逃避的幻覺。在十九世紀以前，宗教是歐洲最巨大的權威。馬克思不只挑戰當時逐漸式微的宗教權威，也沒放過當時正如日中天輝煌竄升的另一種權威——國家。

「上帝的歸上帝，凱撒的歸凱撒。」在馬克思的時代，上帝沒落了，相對的，凱撒竄上，民族國家的成立是當時最熱門、最耀眼的現象。但馬克思並不為當時最激情、最響亮的民族主義口號所動搖，堅持將他對「上層結構」的批判範圍延伸到國家上。

「下層結構決定上層結構」，民族與國家是不折不扣的「上層結構」，也就沒有理由不受生產力與生產關係左右，不反映統治階級的利益。說穿了，國家不過是資產階級用來壓迫工人階級的工具罷了。

人爲什麼要建立國家？是爲了集合眾人的意志與力量，消弭彼此之間的衝突，攜手創造群體的最大幸福。也就是說，國家原本是保障、增加眾人幸福的手段，但和其他由人所創造出來的手段一樣，國家也被「異化」了。

國家從全體國民的手段，淪爲少數國家機器操控者的手段。於是對不屬於這些少數團體的大多數人來說，國家變成了目的，反而使他們淪爲維持國家存在、爲國家實現某些抽象目的的手段。如果你愛這個國家，表現「愛國」的方式便是願意爲國家獻出生命。如果你不愛這個國家，那麼「愛國」的人就認爲他們有權利拿石頭把你砸死。於是不論愛不愛國，你的生命價值都遠低於國家。現在是你爲了國家而存在，不再是國家爲了你而存在。

在民族國家的熱情籠罩全歐洲的時代，馬克思仍然信守他的哲學立場與原則，清楚地以「異化論」來分析國家虛幻與荒謬的本質。因此，他才會提出「工人無祖國」的號召。當本來應該爲你服務的國家翻身變成騎在你身上的主人，代表資本家更有效地剝削工人的利益時，工人爲什麼還要傻傻地忠於自己的國家？在這種情況下，工人忠於國家就等於自願把自己工具化、手段化、「非人化」，形同乖乖地爲將自己吊死的人買繩子。

到了馬克思的時代，經歷了從新教改革、啓蒙主義到科學興起的一連串挑戰，基督教信仰與基督教會的權威已經是日落西山、欲振乏力了。取而代之的，是國家的概念，與國家的權威。這套新興的信仰與帝國主義攜手成長、互爲表裡。最成功的帝國主義國家就是馬克思所處的英國。大英帝國號稱「日不落」，一天二十四小時當中，太陽所照之處都一定有大英帝國的領土，陽光恆常照耀著那面飄揚在大英帝國領土上的米字旗。身爲「日不落國」的子民，你難道不感到光榮？既然國家給予你這份驕傲，你也應該對國家有所貢獻吧？應該感覺在國家的榮耀之前，自己何其渺小吧？

國家在十九世紀變得如此重要，帝國主義讓歐洲國家彼此激烈競爭，於是國家與國家之間的衝突，就取代了原本宗教與宗教之間，和教派與教派之間的衝突，成爲最主要的緊張點。宗教背後還有一個普世價值爲其基礎，國家卻必然是分離、分裂的。基督教沒落，國家興起，意味著普世價值淪喪、分離分裂的力量當道。

在國家紛紛勃興時，幸好還有社會主義與共產主義維繫了一點普世價值的力量。社會主義與共產主義從來都是與帝國主義、民族主義相對立的，一直都是跨越國家疆界的國際運動。

第一次世界大戰之前，歐洲還沒有嚴格的簽證制度，也還沒有嚴格排他的國民身分制度。第一次世界大戰大幅強化了國家意識，完成了歐洲徹底的國界分化，將歐洲分裂成了一個個的國家，十九世紀的泛歐洲意識型態就此終結。

影響所及，共產主義的國際運動理想也大爲褪色。第一次世界大戰之前，共產主義運動的主力是「共產國際」，一個跨國的組織；第一次世界大戰之後，共產主義運動的主力轉成了蘇聯共產黨，連共產主義運動都有了國籍與國界。

「如果三十歲之前不會是個左派，你就是個殘酷冷血的混蛋；如果三十歲之後還是個左派，那你就是無可救藥的笨蛋。」爲什麼會有這種說法？因爲三十歲之前，人還很容易相信普世的理想，左派、社會主義、共產主義的主張基本上就是普世理想。三十歲之後，人變得自私、自我，懂得追求、爭取自己的利益，於是他就聰明地放棄了左派立場，放棄了社會主義與共產主義的理想。

選擇站在工人這一邊

「別問國家爲你做了什麼，先問你爲國家做了什麼。」這是美國前總統甘迺迪的名言，至今仍被許多人奉爲眞理。然而光是憑著他能夠在就職演說上如此大剌剌地講出這句話，就讓我對他的名聲起疑。甘迺迪的形象很好，被公認爲一個具有理想熱忱的年輕政治家，然而他身後披露的史料明白顯示，他說得比做得多，對動聽名言的重視遠超過實際作爲。

事實證明會如此抬舉國家的人，還眞的沒有什麼普世價值的信仰。相對地，反而是和他同時代，形象與他天差地別的詹森，要比甘迺迪來得誠實，也高貴得多。需要耗費將近半世紀的時間，美國人才慢慢調整他們對甘迺迪和詹森的印象；甘迺迪並沒有那麼了不起，詹森也並沒有那麼齷齪。

詹森從南方的德州崛起，當時靠的是德州白人的選票支持。他先選上眾議員，當了一屆就立刻跳級選上了參議員。進參議院時還不滿四十歲，又是個菜鳥，竟然就打破了當時論資排輩的權力結構，當上了民主黨黨鞭。那時民主黨在參院是多數黨，所以他還是個多數黨黨鞭。前任的多數黨黨鞭，也就是被他取代的那位參議員，是七十一歲時才當上黨鞭的。

光是看他崛起的速度，就知道詹森的政治天分有多高。他立刻得到了參議院裡兩位大老的青睞，這兩個人都沒結婚、沒小孩，一生在政治裡打混，詹森就有本事把兩人服侍得好好的，讓他們都把他當自己兒子般照顧、提拔。

靠著這兩位大老，詹森從參議院脫穎而出，成了甘迺迪的競選搭檔，一九六〇年當選副總統，一九六三年甘迺迪遇刺，詹森又繼位當上了總統。

當上總統之後，詹森的第一項大挑戰是在國會中推動「民權法案」，保護黑人眞正的政治平等權。林肯總統在一八六五年遇刺之前，強行讓國會通過了「憲法第十四修正案」，廢止了奴隸制度。然而內戰結束後，爲了增進被戰爭撕裂的南北雙方關係，戰勝的北方刻意退讓，爲南方保留了很大的自治空間。於是南方黑人雖然在法律上脫離了奴隸身分，但實質上卻得不到人身安全的保障，更遑論基本政治權利。

一九五〇年代，南方黑人民權運動風起雲湧，美國全國因此陷入騷動不安。出身南方的詹森上台後，決定以「民權法案」給予黑人確切堅實的平權保障。一向國會提出法案，詹森就傾全力不只要讓法案通過，還誓言要一字不改地通過。

已經解密的白宮橢圓辦公室錄音留下了一段詹森與羅素（註）的對話。羅素就是大力幫助詹森的兩位長輩中的一位。詹森和羅素很親近，因爲羅素也是德州人。詹森當上總統後，羅素幾乎每天都會進白宮和他閒聊一陣，有事則長、無事則短，從十分鐘到一、兩小時都有。

那時候羅素是參議院軍事委員會的主席。那天他們先談起越戰，一個很難讓人開心的話題。在陰鬱的氣氛下，話題又轉移到了「民權法案」。詹森以極其強硬的口吻對羅素說：「我絕不讓步。我要讓這個法案原樣原條通過，即使是你站在前面擋住我，我都會輾過你。」停頓一下後又補上一句：「讓你知道，是因爲我在乎你。」

聽了這麼粗暴、近乎忘恩負義的言詞，羅素開口先說：「總統先生」（Mr. President），以如此正式的頭銜稱呼他，就是一種抗議；「總統先生，你可能是對的。但我要警告你，如果你輾過我，同時也就輾過了自己連任的希望。」羅素說的是實話，最強烈反對「民權法案」的就是南方白人，通過「民權法案」，等於徹底放棄了南方白人的選票，而那正是詹森的草根基礎。聽了羅素的警告，詹森只淡淡地回了一句：「那是我的事。」

詹森終究成功地讓國會原樣通過了「民權法案」。消息傳到白宮，讓詹森既興奮又沮喪。他沮喪什麼？他內閣中的威佛（Robert Weaver）在回憶錄中寫道，法案通過的那一刻，詹森回頭對他說：「讓我告訴你一件事，我剛剛把整個南方送給了共和黨，我可以跟你打賭，在你我有生之年，我們都不可能再看到民主黨在南方能有任何作爲。」

詹森比誰都清楚羅素是對的。通過「民權法案」，南方白人一定會集體倒向共和黨那頭。雖然南方黑人會感謝詹森和民主黨，但黑人畢竟是少數，而且等到黑人能夠集結成足夠的選票力量，還得等很長的一段時間。

註：李察・羅素（Richard Russell, Jr.，一八九七—一九七一）：喬治亞州出身的美國民主黨政治家。曾於一九三一到一九三三年擔任喬治亞州長，後於一九三三到一九七一年擔任近四十年的參議員。也曾於一九四八及一九五二年兩回的民主黨全國大會被指派爲總統參選人。政治傾向保守，曾於一九三七年至一九六三年之間創立並領導保守聯盟（Conservative coalition），反對民權運動長達數十年。

雖然後來詹森是因爲越戰日益惡化而放棄競選連任，但更關鍵的因素其實是他已經失去了權力基礎。就算沒有越戰，他也很難期待自己能夠連任成功。是的，他輾過了恩人羅素，輾過了自己的政黨在南方的利益，也輾過了自己留在權力最高位的機會。

那他爲什麼要這樣做？他不是個狡猾厲害的政客嗎？他夠狡猾、夠會算計，應該能清楚盤算到一通過「民權法案」，民主黨和他自己在南方就完蛋了；但他還是做了這個選擇。第一個理由，是他在南方的窮人家庭長大，兒時曾在棉花田裡工作過，相當了解黑人生活的痛苦。另一個理由，則是他無法同時應付國外的越戰，和內部撕裂社會的黑人「民權運動」，只能選擇先將「民權運動」處置妥當，再全心處理越戰。

更重要的理由，是詹森心懷一個公平正義的普世價值，深信沒有人應該過美國黑人那種生活。不管他過去的形象與行事風格爲何，推動「民權法案」時的詹森是高貴的。他將自己的連任、政黨的利益、國家的前途都拋諸腦後，回歸到一個單純的普世價值信念——夠了，不能再讓黑人如此屈辱痛苦地活下去。

這也是馬克思的出發點。不能再讓他所看到的工人生活持續下去。從這樣的普世價值出發，堅持這樣的普世價值，總是值得被尊敬的！

儘管馬克思的思想在二十世紀遭到了各種誤用、濫用、扭曲與攻擊，但他畢竟是我們現代少有的普世價值提供者。他總能給人一個普世的觀點，以超越的心態看待最巨大的強權。他提出階級、階級論，就是爲了超越所有代表強權利益的機制，其中也包括國家。

在階級立場上，馬克思堅決地站在工人這頭對抗資本家，背後仍然有一個支持弱勢的普世價值依據。我們不妨以一句村上春樹的話來比喻這點：

「請容我傳遞一個訊息——一個個人的訊息。這是我寫小說時，經常放在頭腦裡的事。雖然我沒有把那寫在紙上貼在牆上，卻深深銘刻在我頭腦的牆上。那就是：

沒錯，不管牆有多對，蛋有多錯，我都會站在蛋這邊。對不對，讓別人去決定，或讓時間和歷史去決定。如果小說家為了任何理由，寫了站在牆那邊的作品，那麼這位作家又有什麼價值呢？」

不管牆有多對、蛋有多錯，他都要站在蛋這邊，因爲牆比蛋堅硬，牆比蛋要強勢得多。馬克思亦復如此，不管資本家有多對、工人有多錯，都要站在工人這邊，因爲資本家比工人強大太多，而且資本家還是靠著工人的勞動努力才能變得那麼強大。只不過馬克思並不是個小說家，而是哲學家，所以他不能把是非推給別人去決定，而是必須堅決地說出工人對、資本家錯的理由。整本《資本論》就是這樣一份爲工人弱勢者而寫的「辯護書」。我們可以不同意他辯護的理由，然而應該心懷同情地理解這辯護立場的來源，也不該忽略他這個普世價值依據的出發點。

從十九世紀到二十世紀，爲什麼在邊緣、落後、弱勢的國家裡，馬克思思想都能廣爲流行，甚至躍居主流？馬克思主義在中國的傳播，不也是在中國最弱、最低潮的時代取得最大進展的嗎？

那也是因爲馬克思主義提供了一個足以讓弱勢國家質疑、對抗帝國主義強權的普世價值依據。

知識分子的職責——思辯與批判

馬克思最強烈的使命感，在於揭發他所察覺的巨大共犯結構。從不平等的生產關係上長出了一套維繫這份不平等的欺瞞系統，那就是植基於資產階級利益的「上層結構」。他選擇實踐使命感的方式，是理論、是知識、是說服。換句話說，馬克思自許的最大任務，就是讓工人打開眼睛看見自己被剝削的事實，看見那個時代的禮儀、習慣、風俗、制度、社會組織，乃至文學、哲學、藝術都在幫助「資產階級」欺瞞工人的事實。

馬克思是個思考的革命分子，不是個行動的革命分子。爲什麼到了二十世紀，「青年馬克思」的作品被考掘出來會造成衝擊？因爲那是馬克思尚未被迫參與革命行動以前的作品。後來的馬克思被塑造成一個行動革命家的形象，和這些文字、思想顯得格格不入。

一八四八年前後的歐洲情勢與氣氛，加上《共產主義宣言》的成功，使得馬克思分心參與了各式各樣的行動，但那並不是他的初衷，甚至不是他思想理論的必然結果。馬克思說：「哲學家致力於解釋世界，但重要的是改變世界。」這句話讓很多人理所當然地認為馬克思不滿於哲學家的空談，一定是主張坐而言不如起而行，要有行動，要有組織，要發動革命推翻既有的秩序，這應該就是馬克思的本意，也符合他後來的行爲，以及由這些行爲所塑造出的馬克思形象。

但我們如果仔細閱讀《資本論》，從《資本論》上溯《政治經濟學批判大綱》的內容，就會發現馬克思的本意眞的不是如此。馬克思夢想改變世界的方式，並不是組織共產黨與「共產國際」推翻既有的政權，而是揭發眞相、建構眞理，讓工人知道自己是被剝削的，讓工人知道被剝削是因爲生產工具掌握在資本家手中，讓工人知道當下的生活是一種「異化」後的扭曲生活，讓工人知道還有一種「異化」前的自然幸福狀態。一旦工人知道了這些，產生了追求回歸「異化」前那應然世界的衝動，世界就會改變了。

工人重新成爲自己的主人，奪回了生產工具的掌握權，回歸到「異化」前的生產關係，這才是「改正」後的世界樣貌。這一切的主體是工人，而不是組織或革命政黨。

這過程需要哲學家——或說得更廣泛些——需要知識分子。像馬克思這樣的哲學家或知識分子，他們的工作就是批判虛幻，揭露眞理，這就是他們實踐改變世界使命的方式，而不是在批判之外，還從事其他實踐性的行動。哲學家與知識分子進行調查、思考，找出眞相，使被剝削、受傷害的人能夠從「操控」的共犯體系裡覺醒，恢復了作爲自我主人的身分，積極去創造「正確」的社會。這就是馬克思的理路。

然而時代的現實將馬克思拖離了這條理路。後來他擔下一個領導工人革命的身分，不再心無旁騖地從事他的思辨。這條理路傳到列寧手中後，更進一步有了「先鋒黨」的概念，由「黨」來扮演工人革命的代理者，在工人完全覺醒之前，由「黨」來代表工人進行革命，改變世界。於是原本違背馬克思理路的邏輯，反而被樹立成馬克思主義的主流路線。

哲學家馬克思與革命家馬克思絕不是同一回事。不幸的是，革命家馬克思很快就掩蓋了哲學家馬克思，成爲許多人認知中唯一的馬克思。馬克思賦予工人的歷史使命，被移花接木到「黨」的身上，造成了後來的眾多爭議與悲劇。

我無力否認革命家馬克思的存在，但又不得不反覆提醒大家不能只認識革命家馬克思，而忽略了更根本的哲學家馬克思。唯有還原馬克思的哲學家身分，我們對他的理解才會更全面、更深刻，馬克思給予我們的當代啓發，也才會更豐富、更切身。

馬克思筆下那「異化」前的人類狀態，是一個不折不扣的哲學前提，而不是歷史幻想。那是以現實爲材料進行回溯的哲學思考，推演出的邏輯命題類似柏拉圖的「理型說」中那些理想的、全面的「理型」。這個理想狀態的推論是個重要的座標軸，一個供我們檢驗現實的定錨點，讓我們能夠以它爲依據批判現實，找到改變工人看待世界的方式。

馬克思思想對後世的實質影響

我們今天的世界是個「後馬克思」世界。雖然馬克思主義與共產主義似乎失敗、退潮了，但這仍然是一個被馬克思思想改變了的世界。就連今天的資本主義，都是因應馬克思調整過後的資本主義，和「前馬克思」的資本主義大不相同。

馬克思經濟學的對照性看法，尤其是馬克思對於資本主義必將傾覆的預言，在百餘年裡迫使資本主義做出大幅修正。一百多年過去了，馬克思所預言的景況並沒有發生，我們所處的世界也並不是少數大資本家與多數無產者的緊繃對立，部分原因就是因爲馬克思老早做出這番預言，並清楚地解釋了這預言的基本道理。

在馬克思預言的恐嚇下及指引下，資本主義體系做出了因應變化。一百多年來，資本主義體系持續在進行幾項修正：第一，設法模糊資產階級與工人階級的分界，尤其是讓工人階級透過各種形式參與生產決策，並擁有小量資本，打破資產階級與工人階級原本的決然劃分。第二，設法改變生產關係，讓生產工具的所有權與生產決策權相對開放，不再完全掌握在不參與實際勞動的少數資產者手中。

至於第三點，則是因為馬克思的恐嚇與提醒，資本主義體系學會注意「游離者」，也就是介於工人與資本家之間，既非此亦非彼，尚未確定其階級歸屬的人。一百多年來，資本社會增加了許多身分介於資本家與工人之間的角色，大大緩和了馬克思所預言的緊張衝突關係。各位讀者今天的工作與社會角色，幾乎都落在這塊馬克思來不及看到，卻有部分是受他的理論刺激而出現的區域中。

百餘年來，資本主義社會的另一項巨大改變，發生在資本所有權的分散上。股票市場、華爾街、股權、小股東……這些也都是馬克思沒有預測到，卻有部分是受他的理論刺激而出現的新興現象。資本對大眾開放，工資勞動者可以在從老闆手上領取工資之餘，拿出一部分錢購買自己的工廠或公司的股票。形式上，他變成既是工人也是資本家，模糊了馬克思認定只會愈來愈清楚、相隔愈來愈遠的階級劃分。勞動者取得了參與資本運作的方式，也就得以介入分享生產工具的所有權及其所獲得的利益，不再是純然被動的被剝削者。

整個系統有效地將工人轉化爲一個職業，而不是一種階級，當然也就大幅削減了階級意識勃興的可能性。這個社會除了工人之外，還有許多其他職業。工人或勞動者的利益基礎，在他們獲得了資本的部分擁有權後，就不再必然建立在工資上。如果壓低工資，增加對於勞動力「剩餘價值」的剝削，可以有效讓股價上漲，那麼他手中股票的正面收益，可能就大於他在工資上所遭蒙的負面損失。如此一來，工人就不必然要反對壓低工資的作法了。

時代改變了，我們今天當然不能再以單純、天真的眼光閱讀馬克思。

馬克思有兩種讀法，一種是歷史的讀法，透過馬克思理解資本主義爲什麼會從十九世紀的殘暴不仁臉轉變成今天相對的慈眉善目。另外一種讀法則是藉由馬克思的理路，省思我們自己對於生活、生命的選擇，尤其是認眞想想工作在生活中應該占據什麼樣的地位、在生命中應該具備什麼樣的意義。

回歸原始馬克思的哲學思考

在赫曼．赫賽的名著《流浪者之歌》中，年輕的悉達多聽了世尊講道，也見了世尊的面。悉達多承認世尊說得很有道理，但他仍無法跟隨世尊成爲世尊的弟子，因爲還有一個根本的疑問無法解決——世尊的因緣法唯一無法解釋的，就是世尊本身的存在。如果世界就是無明，人看不清因緣而必然陷入痛苦，那爲什麼會有超脫無明，透悟因緣法而得到解脫的世尊呢？世尊的存在，豈不就等於證明了因緣法是有例外的？因緣法若是有例外，那麼世尊所說的法豈不就無法成立？

這眞是個精采的問題！同樣的問題也發生在馬克思身上。馬克思的理論最難解釋的，就是馬克思本身。他不是個工人，卻具備了比工人更強烈的工人階級認同，還扮演起啓發工人階級意識的角色，這不就表示階級意識和階級身分是可以分離的？如果不是工人的馬克思可以認同工人，那麼不是工人的資本家爲什麼必然抱持資產階級意識，必然剝削工人，以致階級差距不斷擴大，最終導致資本主義體系土崩瓦解？

馬克思並沒有解釋自己的存在。但百餘年後，我們就很容易爲他解釋了。他的存在證明了社會上有一種自覺的階級身分游離者，我們可以將這種人統稱爲「知識分子」。他們擁有知識、重視知識，對知識的信念凌駕於自己的階級出身，也凌駕於自己的現實利益。馬克思是一個他自己不願意承認，也不願意在他的社會想像中給予明確位置的「知識分子」，是一個以知識與思考對抗既有世界秩序的人。

這是馬克思的嚴重失誤。其實他自己的努力，證明了社會上需要有超越直接利益考量、超越階級身分的「知識分子」，但卻吝於在他的理論中承認這點，吝於賦予「知識分子」明確的地位。結果後來掛著他名號進行的共產主義革命建造了徹底抹殺「知識分子」介入權的社會，造成了許多恐怖、扭曲的悲劇。

二十世紀中葉，西歐出現了「新馬克思主義」。這個「新」字乃是對應經過蘇聯共產黨改造的馬克思主義，實質上「新馬」反而是舊的，因爲他們提倡回歸原始馬克思思想的本質——將之定義爲一種哲學的、「知識分子」式的思考，而不是革命行動的信念與綱領。他們展現了馬克思當年最迷人的本質——藉知識與深思質疑流行於社會的價值，爲解釋現實、設計未來找出截然不同的答案。

奉勸諸君莫忘馬克思——一個點醒我們不要在別人所給予的觀念和答案裡安逸苟活的巨人。

附錄
馬克思生平與世界史大事年表

年代	馬克思生平年表	世界史大事年表
一八一八年	馬克思出生於普魯士	
一八三〇年		法國七月革命
一八三六年	進入柏林大學就讀，對黑格爾哲學觀點產生興趣。	
一八四二年	擔任《萊因時報》編輯，撰寫經濟方面社論。報社被普魯士政府查封後，前往巴黎。	

年代	馬克思生平年表	世界史大事年表
一八四三年	接觸法國與日耳曼的共產主義團體。	
一八四四年	成為共產主義者，撰寫《政治經濟學手稿》。	
一八四五年	被法國政府驅逐，和恩格斯前往布魯塞爾。	
一八四七年	馬克思和恩格斯加入「共產主義者同盟」，共同擬定同盟宣言。	
一八四八年	馬克思和恩格斯合著的《共產主義宣言》出版。	法國發生二月革命，德意志、丹麥、奧地利乃至整個歐洲幾乎皆於此年爆發不同程度的革命，甚至影響到美國與加拿大。

年代	馬克思生平年表	世界史大事年表
一八五二年		美國經濟陷入低迷。
一八五七年		全球性的經濟大恐慌。
一八五九年	《政治經濟學批判大綱》出版	達爾文出版《物種起源》。
一八六一年		美國爆發南北戰爭，至一八六五年結束。
一八六四年		「國際工人協會」（亦稱為第一國際）成立。
一八六六年		普奧戰爭，奧地利解體為奧匈帝國。
一八六七年	《資本論》第一卷出版	

年代	馬克思生平年表	世界史大事年表
一八七〇年至一八七一年		普法戰爭、意大利完成統一。
一八八三年	馬克思因肺膿腫在倫敦病逝。	
一八八五年	《資本論》第二卷經恩格斯整理後出版。	
一八九四年	《資本論》第三卷經恩格斯整理後出版。	
一九三九年	《政治經濟學批判大綱》出版。	

延伸閱讀

馬克思的著作

■馬克思，《一八四四年經濟學哲學手稿——附錄「詹姆斯．穆勒《政治經濟學原理》摘要」》，李中文譯。臺北：暖暖書屋。

■卡爾．馬克思、霍布斯邦、斐特烈．恩格斯，《共產黨宣言》，黃煜文、麥田編輯室譯。臺北：麥田。

■馬克思、恩格斯，《共產黨宣言》，管中琪、黃俊龍譯。臺北：左岸文化。

■弗里德里希．恩格斯，卡爾．馬克思，《德意志意識型態Ｉ：費爾巴哈原始手稿》，孫善豪譯。臺北：聯經出版公司。

關於馬克思

■馬克思原著；久桓啓一編著，《圖解資本論 經濟學，這輩子非徹底弄懂一次不可》，劉名揚譯。臺北：漫遊者文化。

■托瑪．皮凱提，《二十一世紀資本論》，詹文碩、陳以禮譯。臺北：衛城出版。

■泰瑞．伊格頓，《散步在華爾街的馬克思》，李尚遠譯。臺北：商周出版。

■阿圖塞，《保衛馬克思》，陳璋津譯。臺北：遠流。

■海爾布隆納（R. L. Heilbroner），《馬克思主義：贊成與反對》，易克信譯。臺北：桂冠。

■卡爾．馬克思原著，《畫說《資本論》一》。臺北：二十一世紀出版社。

■大衛．麥克里蘭，《馬克思》，王珍譯。臺北：五南。

■姜相求，《嗨，馬克思！再見啦，資本主義！》，金泰成、金暢譯。臺北：暖暖書屋。
■ 姜新立，《解讀馬克思》，臺北：五南。
■ 艾瑞克．霍布斯邦，《如何改變世界：馬克思與馬克思主義，回顧、反思，與前瞻》，林宏濤、黃煜文譯。臺北：麥田出版。
■ **Rius**，《馬克思》，黃耀輝譯。臺北：立緒。
■ 弘兼憲史，《馬克思經濟學入門》，李毓昭譯。臺北：晨星。
■ 厄內斯特．曼德爾，《馬克思主義入門》。臺北：連結雜誌社。
■ 韓毓海，《重讀馬克思》。臺北：中華。
■ 尚保羅．沙特，《何謂主體性：沙特談馬克思主義與主體性》，林惠敏譯。臺北：遠流。
■ 石計生，《馬克思學：經濟先行的社會典範論》。臺北：唐山出版社。
■ 李三一，《馬克思主義批判》。臺北：獵海人。
■ 黃瑞祺，《馬克思論方法》。臺北：巨流圖書公司。
■ 黃瑞祺，《馬克思論現代性》。臺北：巨流圖書公司。

■黃瑞祺，《歐美歷史唯物主義新論》。臺北：允晨。
■黃瑞祺、黃之棟，《綠色馬克思主義的形塑軌跡》。臺北：碩亞數碼科技。
■Frank E. Manuel，《馬克思安魂曲：思想巨人的光與影》，蔡淑雯譯。臺北：究竟。
■高安邦，《馬克思的經濟思想》。臺北：巨流圖書公司。
■李宗恬，《共產主義的創始者：馬克思》。臺北：三民。
■洪謙德，《個人與社會：馬克思人性論與社群觀的析評》。臺北：五南。
■洪謙德，《傳統與反叛青年馬克思思想的探索》，臺北：臺灣商務。
■洪謙德，《現代兩大思想家的對壘──從韋伯看馬克思》。臺北：揚智。
■洪謙德，《馬克思的思想之生成與演變：略談對運動哲學的啓示》。臺北：五南。
■洪謙德，《馬克思》。臺北：東大。
■洪謙德，《從唯心到唯物：黑格爾哲學對馬克思主義的衝擊》。臺北：

人本自然。
■洪謙德，《西方馬克思主義論戰集》。臺北：森大。
■洪謙德，《西方馬克思主義的興衰》。臺北：揚智。
■柯林尼可斯，《阿圖塞的馬克思主義》，杜章智譯。臺北：遠流。
■孫善豪，《批判與辨證——馬克思主義政治哲學論文集》。臺北：唐山出版社。
■Simon Tormey、Jules Townshend，《從批判理論到後馬克思主義》，陳以新、謝明珊、楊濟鶴譯。臺北：韋伯。
■陳家琪，《幽靈再現：馬克思及其主義的前世今生》。臺北：秀威資訊。
■羅伯．溫特，《全球化：馬克思主義的觀點》，萬毓澤譯。臺北：唐山出版社。
■法蘭西斯．惠蔭，《資本主義的先知馬克思》，洪儀眞、何明修譯。臺北：時報出版。
■孫中興，《馬克思「異化勞動」的異話》。臺北：群學。

■孫中興，《馬／恩歷史唯物論的歷史與誤論》。臺北：群學。

■L.Kolakowski，《馬克思主義的主流（一）》，馬元德譯。臺北：遠流。

■伊尼亞斯·萊普，《從卡爾·馬克思到耶穌：基督的歷程》，Isaac Ching、陳一壯譯。臺北：唐山出版社。

■王振輝，《中國民族主義與馬克思主義的興起》。臺北：韋伯。

■羅蘭·博爾，《天國的批判（上）：論馬克思主義與神學》，莊振華譯。臺北：橄欖。

■R. A. Gorman，《新馬克思主義人物辭典》，馬欣艷等譯。臺北：遠流。

■高宣揚，《新馬克思主義導引（修訂版）》。臺北：遠流。

■鹽澤君夫、近藤哲生，《經濟史入門：馬克思經濟學歷史理論概述》，黃紹恆譯。臺北：經濟新潮社。

■Ken Morrison，《古典社會學巨擘：馬克思、涂爾幹、韋伯》，王佩迪、李旭騏、吳佳綺譯，國家教育研究院主譯。臺北：韋伯。

■李克洲，《統一經濟學的視野：馬克思、凱恩斯和瓦爾拉斯經濟理論研究》。臺北：蘭臺網路。

■杜奉賢，《中國歷史發展理論——比較馬克思與韋伯的中國論》。臺北：正中書局。

■郎咸平、楊瑞輝，《郎咸平帶你重讀經典資本論與國富論》。臺北：高寶。

■艾德蒙．威爾森，《到芬蘭車站——馬克思主義的起源及發展》，劉森堯譯。臺北：麥田。

■何青，《現代辯證法：《資本論》新說》。臺北：臺灣《資本論》研究會。

■比瑟姆，《馬克斯．韋伯與現代政治理論》，徐鴻賓等譯。臺北：桂冠。

■張春津，《剩餘價值與價值剩餘：資本論批判》。臺北：蘭臺網路。

（延伸閱讀僅列出中文繁體書。）

在資本主義帶來浩劫時，聆聽馬克思——讀懂馬克思與《資本論》

作　　者——楊照
策 畫 人——喻小敏
特約編輯——林毓瑜
校　　對——許瀞云

發 行 人——蘇拾平
總 編 輯——蘇拾平
編 輯 部——王曉瑩
行 銷 部——陳詩婷、曾曉玲、曾志傑、蔡佳妘
業 務 部——王綬晨、邱紹溢、劉文雅

出 版 社——本事出版
臺北市松山區復興北路333號11樓之4
電話：(02) 2718-2001　傳眞：(02) 2719-1308
E-mail：motifpress@andbooks.com.tw
發　　行——大雁文化事業股份有限公司
地址：臺北市松山區復興北路333號11樓之4
電話：(02) 2718-2001　傳眞：(02) 2718-1258
E-mail：andbooks@andbooks.com.tw

封面設計——黃子欽
排　　版——陳瑜安工作室
印　　刷——上晴彩色印刷製版有限公司
2017 年 5 月二版
2022 年 1 月 24 日 二版2刷
定價　300元

ISBN 978-986-93599-3-1

缺頁或破損請寄回更換
歡迎光臨大雁出版基地官網 www.andbooks.com.tw 訂閱電子報並填寫回函卡

國家圖書館出版品預行編目資料
在資本主義帶來浩劫時，聆聽馬克思——讀懂馬克思與《資本論》　楊照 / 著
—.二版.— 臺北市；本事出版：大雁文化發行，2017 年 5月　面　；　公分. –
ISBN 978-986-93599-3-1（平裝）
1.資本論　2.馬克斯經濟學　3.資本主義
550.1862　　105019536